Über Wasser gehen

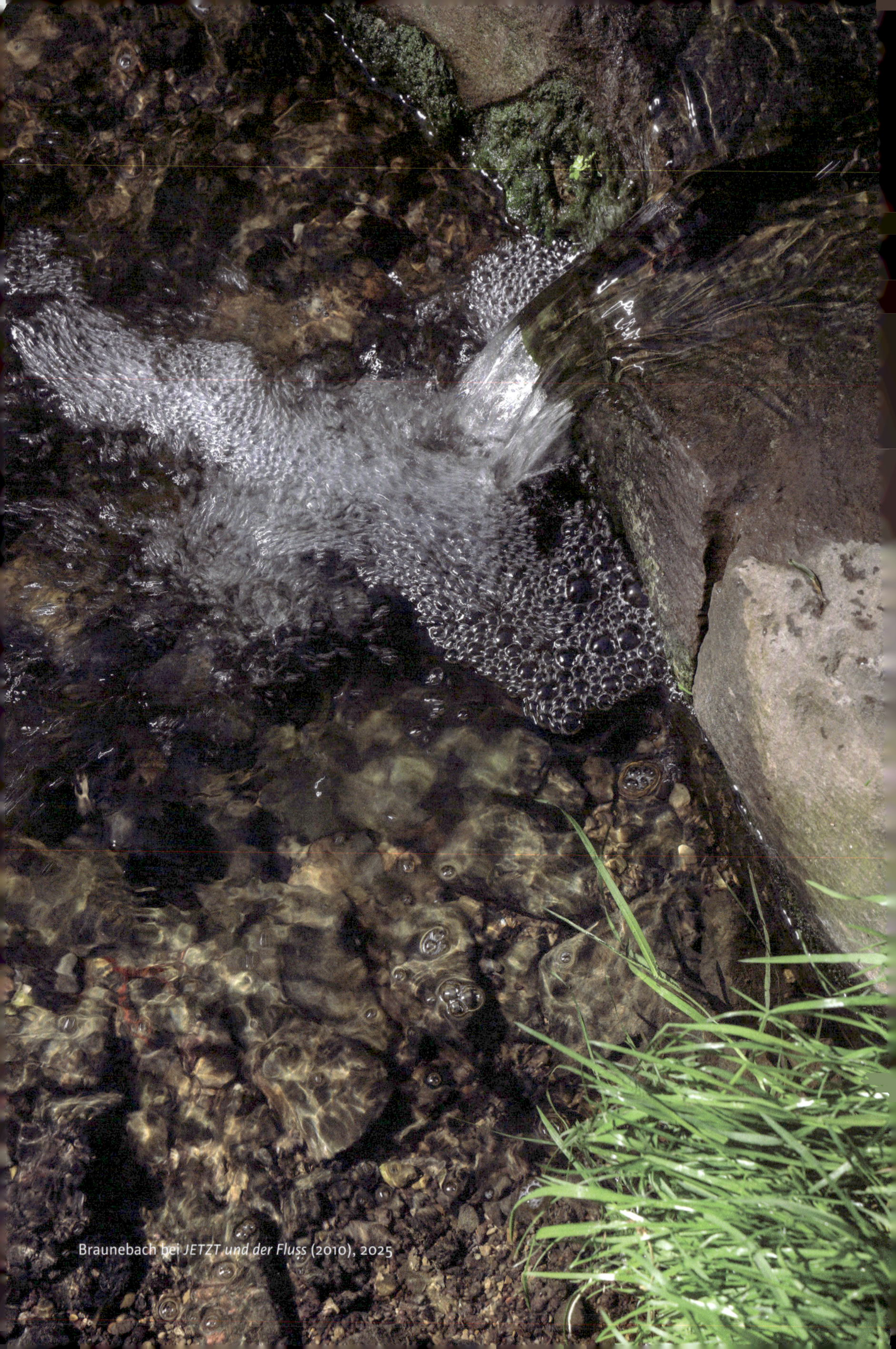
Braunebach bei JETZT und der Fluss (2010), 2025

Über Wasser gehen

Kunstroute Seseke

Herausgegeben
für den Lippeverband
von Uli Paetzel
und Agnes Sawer

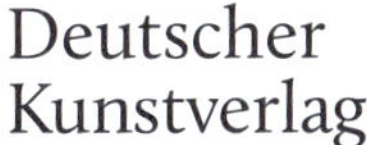

Deutscher
Kunstverlag

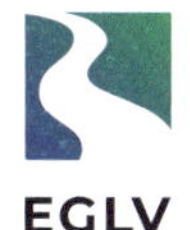

EGLV

Lippeverband

Inhalt

Vorwort

In seinem Buch *Kampf um Gaia* stellt Bruno Latour im Hinblick auf das Verhältnis von Natur und Kultur fest: „Es gibt keine andere Definition der Natur als *diese* Definition der Kultur und keine andere Kultur als *diese* Definition der Natur. Sie sind gemeinsam entstanden, unzertrennlich wie siamesische Zwillinge [...]."[1] Damit verweist Latour auf das unauflösbare Band, das sich zwischen uns und der Natur entfaltet. Die Seseke-Landschaft, die zum einen von zerstörerischen Einwirkungen des Menschen und zum anderen von unseren Sehnsüchten nach einer intakten Natur geprägt ist, führt uns dieses paradigmatisch vor Augen. Spazieren wir heute entlang des Flusses, sind wir umgeben vom plätschernden Wasser, von zwitschernden Vögeln, dem Summen von Insekten und einem saftigen Grün, das den Fluss und seine Bäche säumt. An einigen Stellen schlängeln sich die Seseke und ihre Nebenläufe sanft durch die Landschaft und lassen uns ihre Vergangenheit vergessen. Diese tritt nur noch dort zum Vorschein, wo die Deiche die Bewegung des Flusses lenken, dessen Fluten bei Hochwasser in der von Bergsenkungen gezeichneten Region nicht zur Gefahr werden dürfen. An solchen Stellen, an denen die Seseke schnurgerade an uns vorbeizieht, werden uns die Eingriffe des Menschen in die Natur und unser Verwobensein mit ihr bewusst. Sie erinnern an die Zeit der Industrialisierung, als das Seseke-Flusssystem mangels der Möglichkeit, eine unterirdische Kanalisation zu bauen, zum offenen Abwasserkanal umgestaltet wurde, sowie an die zwischen 1986 und 2014 ergriffenen Maßnahmen, um die Schäden wieder rückgängig zu machen.

Die Seseke, ein Tieflandbach mit geringem Gefälle, entspringt nördlich von Werl-Holtum (Kreis Soest), fließt durch Unna, Werl, Hamm, Bönen, Kamen, Bergkamen und Lünen, wo sie nach 32 Kilometern in die Lippe mündet. Es handelt sich um einen der größten Nebenflüsse der Lippe. Hügelgräber und Funde belegen, dass die Ufer bereits in der Bronzezeit besiedelt waren – so wurde ein dort entdeckter Armreif auf 1200 v. Chr. datiert. Bis Mitte des 19. Jahrhunderts hat sich der Verlauf der Seseke wenig verändert. Mäandernd durchzog sie die ländliche Region. Erst mit der Industrialisierung – als sich durch die Entnahme der Bodenschätze die Erde senkte und die Abwässer der nun zunehmend dicht besiedelten Städte sowie der Industrie in den Fluss und seine Bäche eingeleitet wurden – erfuhr die Physiognomie der Seseke-Landschaft einen gravierenden Wandel. Das sich in den Senken sammelnde Schmutzwasser faulte und gelangte durch Starkregen und Überschwemmungen in die Städte. Cholera- und Typhusausbrüche waren die Folge. Um die Epidemien bewältigen zu können, wurden die Gewässer nach dem Vorbild der Emscher reguliert, die aufgrund vergleichbarer Probleme ebenfalls eingedeicht, begradigt und zu einem offenen Abwasserkanal umgebaut worden war. Dafür schlossen sich der Bergbau, die Industrie und die Kommunen 1913 zur Sesekegenossenschaft zusammen – die Emschergenossenschaft war bereits 1899 gegründet worden. Im Jahr 1926 ging die Sesekegenossenschaft im Lippeverband auf.

Die Menschen lebten jahrzehntelang an ökologisch zerstörten Gewässern, deren Anblick wenig erfreulich war. Erst in den 1980er-Jahren, mit dem Rückgang des Bergbaus, eröffnete sich die Möglichkeit, das Abwasser unterirdisch abzuleiten. 1986 beschlossen der Lippeverband, die Seseke-Kommunen und die Wasserbehörden mit dem damaligen NRW-Umweltminister Klaus

1 LATOUR, Bruno: *Kampf um Gaia. Acht Vorträge über das neue Klimaregime*, Berlin 2017, S. 34.

Matthiesen (1941–1998) das Seseke-Programm. Ziel war es, den Fluss und seine Bäche vom Abwasser zu befreien und wiederzubeleben. Der Lippeverband baute dafür Kanäle und ersetzte die Flusskläranlage an der Seseke durch vier dezentrale Klärwerke. Zusätzlich wurden Regenrückhaltebecken errichtet, um das Regenwasser vom Schmutzwasser zu entkoppeln. Nach der Beseitigung des Schmutzwassers wurden die Betonsohlschalen entfernt und dort, wo es möglich war, wurde das Gewässer aufgeweitet. Die Seseke sollte wieder mäandernd die Landschaft passieren und zu ihrer ursprünglichen Form – einem Tieflandbach – zurückfinden. Vor allem aber sollte wieder ein Umfeld entstehen, das Flora und Fauna anzieht und für Menschen attraktiv ist. Die Renaturierung des Seseke-Flusssystems ist seit über zehn Jahren abgeschlossen. Heute blicken wir auf eine Landschaft, in der eine üppige Natur Lebensräume für Pflanzen und Tiere bietet. Selbst die selten gewordene Quappe konnte in den Gewässern erfolgreich wieder angesiedelt werden. An der Seseke-Landschaft lässt sich jene von Bruno Latour beschriebene Verflechtung von Mensch und Natur nachzeichnen, die sowohl in den technischen Modellierungen des Flusses während der Industrialisierung als auch in der späteren naturnahen Gestaltung aufscheint. Die Kunstwerke von *Über Wasser gehen,* die 2010 und 2013 an der Seseke und ihren Bächen entstanden sind, regen dazu an, über diese Verbindung und unser Verständnis von Natur nachzudenken.

Über Wasser gehen, kuratiert von Billie Erlenkamp, war ein interkommunales Projekt, das 2010 im Rahmen des Kulturhauptstadtjahrs an der Seseke stattfand und vom Lippeverband, dem Kreis Unna, den sechs Anrainerstädten Lünen, Bergkamen, Kamen, Bönen, Unna und Dortmund sowie RUHR.2010 ins Leben gerufen wurde. Nach 2010 wurde *Über Wasser gehen* zusammen mit dem Kreis Unna, den sechs Anrainerstädten, dem Regionalverband Ruhr, den Urbanen Künsten Ruhr und dem Lippeverband weiterentwickelt und 2013 nochmals durchgeführt. Es fand parallel zur *Emscherkunst* statt, die sich wiederum mit dem Neudenken des nördlichen Ruhrgebiets im Zuge des Emscher-Umbaus befasste. Beide Projekte reflektieren die Beeinflussung der Natur durch den Menschen und umgekehrt und lenken unsere Aufmerksamkeit auf die daraus resultierenden ökologischen wie auch gesellschaftlichen Folgen für die Region. Die Kunstfestivals waren temporär angelegt. Allerdings konnten einige künstlerische Arbeiten an den Ufern verbleiben. Sie lassen sich immer noch auf Spaziergängen und Radtouren entdecken – der vom Lippeverband angelegte Fuß- und Radweg entlang der Seseke lädt dazu ein, die Landschaft und die Kunst von *Über Wasser gehen* zu erleben. Die elf Arbeiten (von Bogomir Ecker, Folke Köbberling/Martin Kaltwasser, Bureau Baubotanik, Winter/Hoerbelt, Christian Hasucha, Susanne Lorenz, Thomas Stricker, Diemut Schilling, Claudia Schmacke, Danuta Karsten, Anja Vormann/Gunnar Friel) nähern sich dem Gewässer aus unterschiedlichen Perspektiven und verfolgen jeweils eigene Ansätze. Es handelt sich überwiegend um skulpturale und landschaftsarchitektonische Werke. Anlässlich des 100-jährigen Verbandsjubiläums wird eine weitere künstlerische Arbeit hinzukommen: Marion Poschmann hat auf Einladung des Lippeverbands die Seseke-Landschaft literarisch erkundet und Oden verfasst, die zusammen mit ihren eigenen Zeichnungen in einem Band erscheinen werden. Zusätzlich werden die Texte entlang des Flusses in Bönen lesbar gemacht. Die poetischen Gedanken sollen zum Innehalten und Nachdenken über diese besondere Landschaft anregen, die uns stets

bewusst macht, dass „Natur und Kultur", wie
Latour schreibt, „nicht völlig voneinander zu
trennen sind".[2]

Wir wünschen viel Freude und bereichernde Momente auf Ihren Radtouren und
Spaziergängen zu den Kunstwerken an der
Seseke.

Prof. Dr. Uli Paetzel
Vorstandsvorsitzender Lippeverband

---

2 Ebd., S. 34.

Ein Gedankengang durch eine Kunstlandschaft

Agnes Sawer

Schnurgerade und eingedeicht durchschneidet die Seseke die Landschaft an jener Stelle, an der sich das Kunstwerk *Hogarth's Dream* von Diemut Schilling befindet. In Form gebracht, fügt sie sich als ein weiteres geometrisches Element in eine Umgebung, in der sich ein Radweg und agrarisch genutzte Felder aneinanderreihen. Die Gestaltung dieses Landstrichs verweist unübersehbar auf menschliches Wirken und Eingriffe in die Struktur des Flusses. Die grünen Ufer mit mittlerweile meterhohen Bäumen sowie die dort lebenden Vögel und Insekten können nicht kaschieren, dass die Seseke jahrzehntelang ein „arbeitender"[1] Fluss war und ihre Wiederbelebung ein Produkt des Menschen ist. In dem begradigten Flussbett und in den Deichen treten die anthropogenen Einflüsse stets hervor.

Die Seseke – ein zwischen Bönen und Lünen fließender Nebenarm der Lippe – teilt die Geschichte vieler Flüsse und Bäche, die während der Industrialisierung und noch Jahrzehnte danach aufgrund einer fehlenden unterirdischen Abwasserführung als offene Kanalisationen missbraucht wurden. Diese Gewässer wurden zu „Dienstleistern"[2] degradiert. Eingedeicht, Unrat oder Güter transportierend, betrachtete man sie rein utilitaristisch – die Verehrung, die Flüssen einst zukam,[3] ist der Ausbeutung gewichen.[4] Annie Dillard fasst in ihrem Essay „Einen Stein zum Sprechen bringen" diesen Umschlag treffend zusammen: „[...] heute erscheint die ganze Welt nicht-heilig. Wir haben das Licht aus den Zweigen der heiligen Haine geleert und es auf den Höhen und an den Ufern heiliger Flüsse gelöscht."[5] Mit der Zerstörung der Gewässer geht allerdings, so Robert Macfarlane in seinem Buch *Sind Flüsse Lebewesen?*, nicht nur ein Vergessen ihrer spirituellen und kulturellen Bedeutungen einher. Auch die Vorstellung, Flüsse als lebendige Entitäten zu begreifen, rückte mit der rationalistisch geprägten Sichtweise auf die Natur in den Hintergrund.[6] Die Auswirkungen dieser Entwicklung erleben wir heute in Form von Klimawandel, verschmutzten Gewässern, gerodeten Wäldern und Artensterben. Wie Macfarlane ausführt, braucht es einen gesellschaftlichen Wandel und eine „kollektive Wahrnehmungsverschiebung",[7] um einen anderen Umgang mit der Natur anzustoßen. Das seit Anfang des 20. Jahrhunderts und insbesondere aber in den 1960er-Jahren zunehmende Interesse an ökologischen Zusammenhängen und die Umweltbewegung[8] bezeugen ein stärker werdendes Bewusstsein für den Naturerhalt. Die Einführung von gesetzlichen Regelungen zum Schutz von Umwelt und Tieren ebenso wie das Bestreben, der Natur Rechte zuzusprechen und sie als Subjekt wahrzunehmen,[9] sind Ausdruck des Wunsches, sich zu der uns umgebenden Welt in ein neues Verhältnis zu setzen.

1   Olivia Laing verwendet das Bild des arbeitenden Flusses in Bezug auf die Ouse; siehe LAING 2025, S. 20.
2   MACFARLANE 2025, S. 33. Macfarlane beschreibt, wie Flüsse seit dem Rationalismus der Aufklärung zunehmend verdinglicht und ausgebeutet wurden; vgl. ebd., S. 31 ff.
3   Vgl. ebd., S. 15; vgl. auch H. Böhmes Beitrag in diesem Band.
4   Vgl. MACFARLANE 2025, S. 33 f.
5   DILLARD 2022, S. 64.
6   Vgl. MACFARLANE 2025, S. 27–46.
7   Ebd., S. 37.
8   Vgl. KÜSTER 2005, S. 9–15. Zentral für die Entstehung der Umweltbewegung war das Erscheinen des Buches *Der stumme Frühling* (1962) von Rachel Carson, in dem am Beispiel des Einsatzes des Insektizids DDT die Zerstörung der Ökosysteme anschaulich gemacht wird; siehe CARSON 2019. Der staatliche Naturschutz in Deutschland wird 1906 mit der Einrichtung der „Stelle für Naturdenkmalpflege" begründet; vgl. RICHTER 2022, S. 11.
9   Siehe dazu beispielsweise Macfarlanes Buch *Sind Flüsse Lebewesen* (2025) und Sacha Bourgeois-Girondes *Wie uns das Recht der Natur näherbringt* (2023).

Betrachten wir nämlich Wälder und Flüsse als lebendige Entitäten mit Rechten, ändert sich ihr Status vom Objekt zum Subjekt. Damit verschiebt sich ihr Stellenwert innerhalb des gesellschaftlichen Gefüges: Sie werden gesehen und gewürdigt, statt lediglich als Nutzobjekte abgetan und ausgebeutet zu werden. Der Jurist Christopher D. Stone hat dies in seinem berühmten Essay „Haben Bäume Rechte? Plädoyer für die Eigenrechte der Natur" (1972) auf den Punkt gebracht: „Es gleicht einem Teufelskreis: bevor das ‚Ding' für sich selbst gesehen und wahrgenommen werden kann, wird es Widerstand dagegen geben, ihm ‚Rechte' zu übertragen; andererseits ist es aber sehr schwierig, das ‚Ding' überhaupt zu sehen und als es selbst zu würdigen, bevor man sich dazu durchgerungen hat, ihm Rechte zu verleihen."[10]

Nun könnten die zunehmende Bewusstwerdung des kritischen Zustands der Ökosysteme und die damit verbundenen Maßnahmen, wie beispielsweise die Umgestaltung zerstörter Flüsse, suggerieren, die Interessen der Natur fänden endlich Aufmerksamkeit und wir würden, wie Christopher D. Stone konstatiert, von der Vorstellung abrücken, „die Natur existiere für den Menschen".[11] Das ist allerdings nicht der Fall. Die Sehnsucht nach einer intakten Umwelt, die sich auch in der Bevorzugung alles Natürlichen und Verschmelzungsphantasien mit der Natur äußert,[12] ist vielmehr, so Stone, mit einem Eigeninteresse verbunden: Den Schäden an der Umwelt wird nur insoweit Beachtung geschenkt, als sie den einzelnen Menschen betreffen, seine Gesundheit und sein Wohlbefinden tangieren.[13] Oder, um es mit Gernot Böhmes Worten auszudrücken: wenn der Mensch „die Auswirkungen des gesellschaftlichen Handelns gegenüber der Natur am eigenen Leibe zu spüren bekommt".[14] In der Sorge um die Natur scheint es daher nicht vorrangig und ausschließlich um die Belange der Flüsse, Meere, Auenlandschaften, Moore, Wälder etc. zu gehen. Vielmehr artikuliert sich darin die eigene Angst vor der Entfremdung von der Natur und damit vom Ursprünglichen.[15]

Dabei wird übersehen, dass Natur und Kultur nicht voneinander loszulösen sind, auch wenn in den philosophischen Ausführungen bis ins 18. Jahrhundert eine Trennung vorgenommen wurde, die in der Vorstellung gründete, „Natur ist das, was von selbst da ist – im Gegensatz zu dem, was wir *machen*".[16] Diese Gegenüberstellung entspricht nicht dem Verhältnis zwischen Natur und Kultur, das als fließend beschrieben werden kann.[17] Das Bearbeiten und Modellieren von Landschaften oder die Wiederherstellung industriell zerstörter Gegenden verdeutlichen dies.[18] Die teilweise seit Jahrtausenden überformten Areale zeigen, dass es keinen ursprünglichen Zustand gibt, zu dem wir zurückkehren könnten; vielmehr sind wir von einer künstlichen, von uns kultivierten und unterhaltenen Natur umgeben[19] – oft können sich die Ökosysteme nicht mehr selbst regulieren. „Längst haben wir gelernt", wie Gernot Böhme konstatiert, „dass sich der Naturzustand regional und global nirgends mehr von selbst, das heißt ohne das Zutun des Menschen, reproduziert".[20] Es ist daher unmöglich, Natur und Kultur als Gegensätze zu begreifen. Allein

10 Stone 2014, S. 12.
11 Ebd., S. 61.
12 Vgl. G. Böhme 1992, S. 9.
13 Vgl. Stone 2014, S. 61 f.
14 G. Böhme 1992, S. 83; Böhme spricht in diesem Zusammenhang von „Betroffenheit".
15 Vgl. ebd., S. 11.
16 Ebd., S. 13. Siehe auch G. Böhmes Überlegungen zu Rousseau: ebd., S. 14.
17 Vgl. ebd., S. 10.
18 Vgl. ebd., S. 190–193.
19 Vgl. ebd., S. 58, 123.
20 Ebd., S. 111.

die kulturelle Bedeutung des Wassers zeigt, wie eng beide Bereiche miteinander verwoben sind.[21]

Das Ineinanderfließen von Natur und Kultur, das die Seseke-Landschaft auszeichnet, ist ein zentrales Thema des Kunstprojekts *Über Wasser gehen*, das im Rahmen von RUHR.2010 realisiert wurde.[22] Die Ausstellung fand parallel zum Kunstfestival *Emscherkunst*[23] statt, das 2013 und 2016 wiederholt wurde. Auch die Emscher fungierte jahrzehntelang als offene Kanalisation, bis sie 2021 mit der Fertigstellung eines unterirdischen Kanalsystems vom Schmutz befreit werden konnte. Seitdem fließt in dem Gewässer nur noch sauberes Wasser. Die Seseke, deren Renaturierung bereits 2014 abgeschlossen war, diente als Vorbild für den Emscher-Umbau, eines der größten Infrastrukturprojekte in Europa. *Über Wasser gehen* und *Emscherkunst* fanden entlang dieser Flüsse statt und beleuchteten ihre Geschichte. Einige der Kunstwerke kann man bis heute an der Emscher und an der Seseke besichtigen.

Die eingeladenen Künstlerinnen und Künstler entwickelten Arbeiten, die den Wandel der Region, die Transformation der Flusslandschaften, ihre neue Zugänglichkeit und die damit einhergehenden gesellschaftlichen Veränderungen reflektieren. So gestaltete beispielsweise im Bottroper BernePark der Landschaftsarchitekt Piet Oudolf im Rahmen der *Emscherkunst* einen großen Staudengarten – *Theater der Pflanzen* (2010) – in einem ehemaligen Behandlungsbecken einer Kläranlage der Emschergenossenschaft und belebte damit eine funktionslos gewordene Infrastruktur wieder. In Oberhausen schwingt sich Tobias Rehbergers Spiralbrücke *Slinky springs to Fame* (*Emscherkunst* 2010) über den Rhein-Herne-Kanal, und in Recklinghausen ragt ein von Tadashi Kawamata gebauter Holz-

turm (*Walkway and Tower*, *Emscherkunst* 2010) in die Höhe und gibt einen Blick in die Weite frei. In Dortmund ermöglicht Danuta Karstens Arbeit *Stufen zur Körne* (*Über Wasser gehen* 2010), den Körnebach aus nächster Nähe zu erleben. Thomas Strickers landschaftsarchitektonisches Projekt *Landschaft im Fluss* (*Über Wasser gehen* 2010) in Bergkamen und Bogomir Eckers Installation *Abnehmende Aussicht* (*Über Wasser gehen* 2010) in Bönen regen dagegen dazu an, grundsätzlich über die Frage nachzudenken, was Natur überhaupt ist. In Kamen wiederum lässt uns *Pixelröhre* (*Über Wasser gehen* 2010) von Winter/Hoerbelt unser Verhältnis zur Natur betrachten. Wie eng dabei Natur und Technik miteinander verflochten sind, zeigen Claudia Schmackes Werk *Erscheinen und Verschwinden* (*Über Wasser gehen* 2013), das eine technische Konstruktion mit einem Naturschauspiel kombiniert, und *Der wachsende Steg* (*Über Wasser gehen* 2013) von Bureau Baubotanik, bei dem es sich um eine pflanzenbasierte Architektur handelt. Teilweise sind die Kunstwerke von *Über Wasser gehen* mehrteilig konzipiert, wie beispielsweise *Floating Stones* (2013/2024) von Anja Vormann und Gunnar Friel, das aus mehreren Findlingen besteht, die in der gesamten Seseke-Region verteilt sind. Um sie zu entdecken, müssen wir uns auf den Weg machen, spazierend und radfahrend die Landschaft durchstreifen. Dabei begegnen wir nicht nur der Kunst und der Natur, nach der wir uns in der Region so lange gesehnt haben, sondern auch uns selbst. Denn wie der Anthropologe David Le Breton schreibt, „bringt [das Gehen] den Reisenden für einen Moment dazu, über sich selbst nachzudenken, seine Beziehung zur Natur

21 Siehe H. Böhmes Beitrag in diesem Band.
22 Die Ausstellung fand im Jahr 2013 ein zweites Mal statt.
23 Zur *Emscherkunst* siehe SAWER 2022.

oder zu anderen, über eine Fülle unerwarteter Fragen nachzusinnen".[24]

Der renaturierte Fluss und die Kunst ermöglichen uns, eine neue Verbindung zu unserer Umgebung zu entwickeln und eröffnen Momente der Reflexion. Die Kunst übernimmt dabei eine zentrale Rolle: Sie trifft, wie Marion Poschmann in einem Gespräch bemerkt, anders als wissenschaftliche Darstellungen ins Herz.[25] Die Kunst vermag, „das Abwesende in die Gegenwart zu bringen, das Unsichtbare sichtbar zu machen, dem Unsagbaren Ausdruck zu verleihen",[26] so die Schriftstellerin, deren Arbeit *Flussfragmente* in Bönen zu lesen sein wird.

Die Kunst kann den Zustand der Natur eindringlich vermitteln – die Werke von Susanne Lorenz (*Line of Beauty – das fünfte Klärwerk, Über Wasser gehen* 2010), von Folke Köbberling und Martin Kaltwasser (*Here comes the rain again, Über Wasser gehen* 2013) sowie Diemut Schilling (*Hogarth's Dream, Über Wasser gehen* 2010) machen dies deutlich. Die an der Seseke installierten Miniaturhäuser lassen uns an die mit dem Klimawandel häufiger werdenden Hochwasserkatastrophen denken. Die geschlängelten Strukturen, die Susanne Lorenz und Diemut Schilling in ihren Arbeiten aufgreifen, bringen uns in Erinnerung, dass der gerade Verlauf des Flusses menschengemacht ist, und verknüpfen durch den Rekurs auf William

Hogarth (1697–1764) die Geschichte des Flusses mit einer Reflexion über Schönheit.

Während sich *Hogarth's Dream* und *Line of Beauty – das fünfte Klärwerk* an stark begradigten und eingedeichten Flussabschnitten befinden – dort können wir lediglich unseren Blick über die Seseke schweifen lassen –, öffnen sich die Gewässer an anderen Stellen, etwa bei Christian Hasuchas *JETZT und der Fluss* (2010). In der Nähe dieser Skulptur, die sich mit der Flüchtigkeit des Moments im Hinblick auf die Veränderungen der Seseke-Landschaft beschäftigt, fließt der Braunebach. Wir können an ihn herantreten, seinem leisen Plätschern lauschen und sein Schillern im Sonnenlicht bewundern. Das Kunsterlebnis an der Seseke ist immer auch ein Naturerlebnis und umgekehrt. Vor allem aber ist es ein ästhetisches Erlebnis. Schon in „früheren Zeiten", so beschreibt es die Literaturnobelpreisträgerin Han Kang, haben die Menschen „glänzendes Wasser mit Leben [gleichgesetzt]". „Glitzerndes Wasser bedeutete reines Wasser" und dieses „bedeutete für sie Überleben, das bedeutete aber zweifellos auch Schönheit".[27]

24 Le Breton 2013, S. 16.
25 Poppe/Schaffer 2022, S. 55.
26 Ebd.
27 Kang 2024, S. 99.

Literatur

Böhme, Gernot: *Natürlich Natur. Über Natur im Zeitalter ihrer technischen Reproduzierbarkeit*, Frankfurt am Main 1992.

Böhme, Hartmut: „Nach der Flut. Über die Entstehung der Kultur aus dem Wasser", in: Uli Paetzel u. Agnes Sawer (Hrsg.): *Über Wasser gehen: Kunstroute Seseke*, Berlin 2025, S. 14–34.

Bourgeois-Gironde, Sacha: *Wie uns das Recht der Natur näherbringt*, Berlin 2023.

Breton Le, David: *Lob des Gehens*, Berlin 2013.

Carson, Rachel: *Der stumme Frühling*, München 2019.

Dillard, Annie: „Einen Stein zum Sprechen bringen", in: Judith Schalansky (Hrsg.): *Einen Stein zum Sprechen bringen. Aufbrüche und Begegnungen*, Berlin 2022 (= Naturkunden; 86), S. 62–71.

Kang, Han: *Weiß*, Berlin 2022.

Küster, Hansjörg: *Das ist Ökologie. Die biologischen Grundlagen unserer Existenz*, München 2005.

Laing, Olivia: *Zum Fluss: Eine Reise unter die Oberfläche*, München 2021.

Macfarlane, Robert: *Sind Flüsse Lebewesen?*, Berlin 2025.

Poppe, Sandra u. Katja Schaffer: „Gespräch mit Marion Poschmann", in: *Laubwerk*, Berlin 2022, S. 47–56.

Richter, Steffen: „Umwelt. Probleme", in: *Dritte Natur* 05/1.2022, Berlin 2022, S. 6–19.

Sawer, Agnes: „*Emscherkunst* und *Über Wasser gehen*. Künstlerische Reflexionen über den ökologischen Wandel einer Region", in: Franz Kröger u. a. (Hrsg.): *Jahrbuch für Kulturpolitik* 2021/22: Kultur der Nachhaltigkeit, Bielefeld 2022, S. 465–473.

Stone, Christopher D.: *Haben Bäume Rechte? Plädoyer für die Eigenrechte der Natur*, Klein Jasedow 2014.

Nach der Flut. Über die Entstehung der Kultur aus dem Wasser

Hartmut Böhme

Ur-Angst und Bewältigung

Die Auseinandersetzungen mit Meer, Wolken und Winden in der *Odyssee* von Homer spiegeln den kulturellen Sprung des Landvolkes der Griechen auf die See, den Übergang von territorialen zu thalassalen Herrschaftsformen. Dazu gehört, die kolossale Wucht von Naturkräften erfahren zu müssen, die menschliches Maß weit übertreffen. Es sind bedeutende Kultivierungsleistungen, durch die die Griechen sich der Übermacht der Natur zu erwehren suchten: symbolisch wie praktisch, in den Formen der Religion, des Mythos, der Wissenschaft sowie der Technik, der Seefahrt und Navigation. Die *Odyssee* reflektiert noch jenes mythische Bewusstsein, das die Natur als Schauplatz von Göttern imaginiert, die in den Naturelementen mit den Menschen verkehren – im Guten wie im Bösen. Wetter- und Windgottheiten, Herren über Blitz und Donner, sind nicht nur in Griechenland, sondern in vielen Kulturen verbreitet. Auch der biblische Gott Jahwe ist ursprünglich ein Wettergott. Darum erscheint er so oft im Wetterkleid. Gott *ist* die Erscheinung des Wetters. In der Antike tragen alle wesentlichen Naturerscheinungen die Namen von Gottheiten. Es überrascht darum nicht, dass die griechische Wissenschaft – neben der Astronomie, Geometrie und Mathematik – besonders von Fragen der Erdbeben und Vulkane, des Gewitters, des Regenbogens, der Stürme und der Fluten fasziniert war. Das Ensemble dieser Erscheinungen gehört in der Antike zur Meteorologie.

Die Elementargottheiten verweisen auf eine sehr alte Epoche, als Götter sich vorwiegend in der stummen Beredsamkeit übermächtiger Naturkräfte darstellten. Darum riefen sie Angst und Entsetzen hervor, die die Wurzel der meisten Religionen bilden. In der *Odyssee* zeigt sich, dass im Grenzfall mit Gottheiten nicht zu verhandeln ist. Vielmehr schlägt ihre Wut in mörderische Gewalt um. Die Wolkenschwärze löscht jede Differenz in der Welt aus, und das ursprünglich Ungeschiedene – das Chaos – droht wie ein nahes Weltende. Dies gilt auch für die biblische Sintflutgeschichte. Beinahe alle Apokalypsen sind Wetterkatastrophen, als Wasser- oder Feuersturm.

Durchaus können „wir Aufgeklärten" dies noch nachempfinden. Sprachliche Wendungen wie „der wütende Sturm", „die dräuenden Wolken" oder „das tobende Meer" erinnern über alle Epochen hinweg an eine ursprüngliche Mythisierung von Natur. Für diese gaben allerdings unsere eigenen aggressiven Leidenschaften und Ängste das Schema her. Daraus gehen die metaphorischen Wendungen hervor, die dauerhaft die Ausdruckswerte atmosphärischer Erscheinungen versprachlichen. Wasser, Wolken und Wetter – sie sind eine Quelle unserer Stimmungen. Wir erfassen an ihren Erscheinungen atmosphärische Physiognomien, sie „bedeuten" uns etwas, wir sehen in sie hinein und lesen aus ihnen heraus, was wir empfinden. Unsere Gefühle wettern nicht anders als Wolken und Winde selbst.

Elementarkatastrophen wie Kataklysmos und Ekpyrosis sind feste Vorstellungsfiguren unserer Kultur. Sie haben auch in der Philosophie ihren Ort, wenn Heraklit das Werden und Vergehen des Weltalls im Feuer lehrt oder Platon vom Untergang des sagenhaften Atlantis berichtet. Seit der mesopotamischen Hochkultur haben sich die Ängste vor der Natur gerade im Bann der Elemente entwickelt. Im Gegenzug wird die Technik in den Medien der Elemente entfaltet: von der Zähmung des Feuers bis zu den Energietechniken, von den mythischen Flugphantasien bis zur Weltraumreise, von der Erfindung des Schiffes bis zur Territorialisierung des Meeres, von der mythischen Gaia bis zur Erde, die in den Besitz des Menschen genommen ist. In Feuer, Wasser, Erde und Luft wird die Macht der Natur am intensivsten erfahren – und zugleich die Machtentfaltung des Menschen durch Technik am nachhaltigsten etabliert. Darum ist Technik auch eine Unternehmung zur Vertreibung der Angst vor der Natur.

Die längste Strecke der Geschichte waren die Menschen von der Angst beherrscht, die eine unberechenbare Natur auslöst. Die Religionen legen ein beredtes Zeugnis davon ab, dass das menschliche Leben von Elementarkatastrophen bedroht bleibt. Weit ist es von hier bis zu der platonischen Idee, dass die Natur den göttlichen *Nous* darstelle, eine lebensdienliche Ordnung. Auch die gerechte Ordnung der ägyptischen Ma'at ist eine auf Verfriedlichung zielende Konstruktion, die die Bindekraft von Staat und Gesellschaft voraussetzt. Die auf Ausgleich der Gewalten zielenden Weltbilder sind aus ihrer Funktion zu erklären: die Stillstellung der elementaren Ängste.

Gestalten und Kräfte des Wassers

Wasser wird seit Aristoteles oft beschrieben als ein Stoff, der von sich aus keine Form hat, aber jede Form, die von Umgebungsformationen vorgegeben ist, annimmt. Damit käme Wasser der antiken Vorstellung nahe, wonach ὕλη/*materia* von sich aus keine Form hat, allerdings jedwede Form ihr eingeprägt werden kann. Die Form kommt dann immer woanders her als aus der Materie selbst.

Formen gelten in alltäglicher Wahrnehmung als stillgestellte Gebilde. Sie zeigen jedoch auch agentielle Wirkungen und Evokationen bewegender Kräfte. Andererseits sind Formen selbst Effekte von Kräften, deren Manifestation oder Objektivation sie sind. Es gibt keine Kraft, die nicht Formen erzeugt, und keine Form, die nicht δύναμις zeigt.

Morphologie – die Lehre von den Formen – bestimmt Johann Wolfgang von Goethe als „das bewegliche Leben der Natur".[1] In der Logik des lebendigen Organismus gedacht, behandelt Morphologie diejenigen Entitäten, die sich selbst zugleich Ursache und Wirkung – mithin selbstorganisiert – sind. Jede äußere Zweckmäßigkeit der Entitäten wird abgelehnt. Organismen sind Zwecke in sich selbst. Dabei gilt eine doppelte Matrix: Zum einen konstruiert man Natur in der Form der gesetzlichen Einheit ihrer Erscheinungen (daraus entsteht Naturwissenschaft); zum anderen deutet man Natur nach den Typen ihrer Gestaltwerdung (daraus entsteht Naturästhetik).

In dieser Doppelperspektive ist auch das Wasser, obwohl es kein Organismus ist, zu lesen. Wir zweifeln nicht an der Wahrheitskraft von Kausalität: Diese ist die Form, von der letztlich das Überleben in der Natur abhängt – und zwar deswegen, weil nur in der Form der Kausalität dauerhaft erfolgreich Technik betrieben werden kann. Doch die Natur – wie wir selbst – verfährt auch ästhetisch und zeigt „die Ausdrucksvielfalt der lebendigen Natur".[2] Die alte Idee der *natura naturans* meint, dass der Materie selbst ein Drängen zur Form immanent ist. Diese Idee ist bis etwa 1820 eine Konstante des Naturverständnisses. In den Gemälden von Caspar David Friedrich oder Carl Gustav Carus, erst recht bei Goethe, werden in Landschaften hinsichtlich der Gestaltung von Gestein oder Wasser Ansätze zu einer ästhetischen Geophysiologie entwickelt. In der Biologie studierte man selbstverständ-

1   GOETHE MA XII, S. 15.
2   So der Evolutionsbiologe REICHHOLF 2011, S. 18.

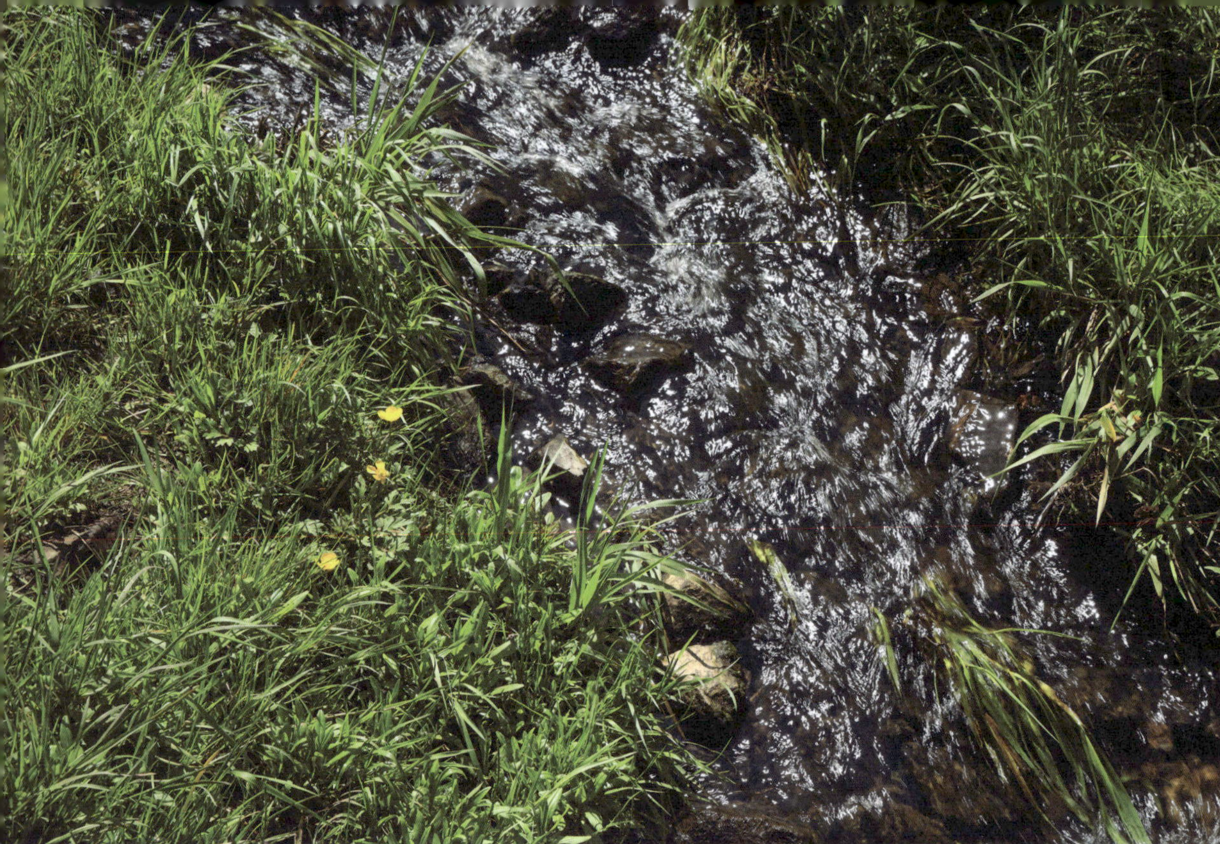

lich die formbildenden Kräfte der Natur, wie dies auch heute möglich ist, wie Studien etwa von Menninghaus, Dutton, Reichholf und Prum zeigen.[3]

Von der Geomorphologie bis zum rhythmischen Strömen von Versen weist das Wasser eine Kraft auf, die Formen generiert. In der Goethe-Zeit und in der Romantik finden sich viele Belege, die die formgenerierende Potenz des Wassers begründen. Dazu werden auch die Erscheinungsformen des Wassers aufgesucht: vom Bach zum Strom, vom Eis bis zur Wolke, vom Regen bis zur Brandung. Dass dabei auch kooperative Verbünde vorkommen – wie Luft/Wasser (die sich zu Wolken oder Dampf verbinden), Warm/Kalt-Übergänge bei Schneeschmelze oder Frost; oder Erde/Wasser-Kooperationen etwa in Feuchtregionen und Flusslandschaften –, versteht sich von selbst. Dem Wasser wird dabei eine geomorphologische wie auch eine Formkraft zugesprochen, die sich makro- und mikrostrukturell etwa in der Bildung von Tälern oder von Eiskristallen im Schnee manifestiert. Derlei Beobachtungen sind

Anlass genug, der Theorie des Wassers neue Akzente zu verleihen. Man erkennt, dass aus der Naturphilosophie und Geoästhetik viele Impulse für die Künste und die Poesie des Wassers erwachsen – und umgekehrt. Das wollen wir zeigen:

Wasser ist also, wie auch die Luft, ein dynamisches Medium, das von sich aus keine stabilen Formen aufweist, sondern sich solchen anpasst. Andererseits bringt das Wasser à la longue diese Formen auch erst hervor – Küstenlinien, Canyons, Täler, Seenlandschaften. Mehr als Feuer oder Luft, deren energetische Potenz für den Erhalt der Biosphäre ebenfalls basal ist, kennt das Wasser eine einzigartige Vielfalt an Erscheinungsweisen und Aggregatzuständen: Wasser bildet Nebel, Dunst, Dampf, Wolken, Regen, Hagel, Schnee, Eis, Gletscher … Dabei kann es fest, gasförmig oder flüssig auftreten. Als Süß- und Salzwasser bildet es zwei Domänen, die den größten Lebensraum

3 Menninghaus 2003, Dutton 2009, Reichholf 2011, Prum 2018.

auf Erden darstellen. Ferner ist Wasser ein basales Lebensmittel: Alles Lebendige muss trinken oder Wasser aufnehmen.

Quelle, Rinnsal, Bach, Wasserfall, Fluss, Strom bilden Verlaufsformen des Wassers auf seinem Weg abwärts ins Meer; wohingegen Teiche, Tümpel, Moore, Seen signifikante Rückhaltungen auf dem unausweichlichen Weg in die Tiefe darstellen. In allen Zuständen – außer im destillierten – ist Wasser ein effektives Lösungsmedium für zahllose Stoffe und Mineralien. Durch Änderung der Temperatur wechselt das Wasser sein Aggregat, wobei die wichtigsten Umwandlungstemperaturen 0 und 100 Grad Celsius sind. Umwandlung, also Metamorphose, charakterisiert das Wasser mehr als die drei übrigen Elemente Feuer, Luft, Erde. Wasser ist also *enantiotrop* (ἐναντίος: entgegengesetzt, τρόπος: Wendung, Richtung, Charakter). Und es ist *allotrop*, d. h. es kennt nicht nur eine, die monotrope Richtung seiner Umwandlung. Durch diese Eigenschaften wird das Wasser zu einer der stärksten Kräfte von Wetter und Klima. Man kann das Wasser auch polymorph und polydynamisch nennen. Es zeigt eine Vielzahl von Manifestationen mechanischer Kräfte, was an Wasserkraftwerken, Wasserfällen, Talsperren, Überschwemmungen etc. erkennbar ist und als Hydrotechniken nutzbar gemacht wird.

Polymorphie und Wandlungsvermögen erklären, warum das Wasser in unseren Sprachen ein unendliches Anregungsmittel für Metaphernbildung ist. Man könnte die Regel aufstellen: je höher das metamorphotische Vermögen eines materialen Mediums, umso höher auch die Produktion von Metaphern und rhetorischen Tropen. Dass das Wasser die poetischen Tropen von Sprache und Dichtung bereichert, hängt nicht zuletzt an dieser allelopoietischen Wandlungsfähigkeit: Das Wasser kann eine Eigenschaft in eine andere, entgegengesetzte tauschen;

es „wendet" eine Form in eine andere; es schafft Nachbarschaften *(vincinitas)*, Ähnlichkeiten *(similitudo)* und Gegensätze *(contraria)*. Das gilt, wenn auch nicht in gleicher Variabilität, für alle vier Elemente. Sie bilden durch *Sympathia* und *Antipathia*, durch *Aktiva* und *Passiva* ein logisches *Quadrat* der Kombinationen und einen *Kreislauf* der Metamorphosen.[4]

Wir fügen dieser antiken Tradition hinzu, dass die für jede Landschaftsästhetik charakteristischen Raumgliederungen nachhaltig durch die Dynamiken des Wassers bestimmt werden. Was ich bei Nietzsche als die Windrose des Denkens dargestellt habe,[5] zeigt sich in anderer Weise auch in der Raumgliederung durch Wasser: Die Ausrichtung von Flüssen gliedert die Landschaft, oft auch die Besiedlung des Raumes, die Grenzen und die Ökonomie von Städten und Gesellschaften;[6] Meeresströmungen bestimmen maßgeblich das Klima und ermöglichen die Schiffbarkeit von Meeren. Die Fähigkeit des Wassers zu verdunsten, ins Vertikale zu steigen und wandernde Wolken zu bilden, bringt Klimazonen, Wetter und den globalen Wasserzyklus hervor. Die reinste Form des Horizontalen zeigt das Meer, das wie nichts Irdisches sonst die verlockende Ferne, die Angst vor der unbestimmten Weite und die rätselhafte Transzendenz zu verkörpern scheint. Wüste, Steppe, Ebene zeigen auf dem Festland eine dem Meer ähnliche Flächigkeit. Aber auch Pfützen, Teiche oder Tümpel stellen perfekte Horizontalen dar. Ins Vertikale steigen Wolken und Dunst auf, und der Wasserfall stürzt in die Tiefe. Das mäßige Gefälle eines geschwungenen Flus-

4   Vgl. G. Böhme u. H. Böhme 2005; Böhme u. a. 2011.
5   Vgl. Böhme 2010; Honold 2005.
6   Vgl. Magris 1994; Honold 2008; Király 2017; Seiderer 2009.

ses öffnet die Bildtiefe, wie dies auf vielen Landschaftsgemälden zu sehen ist.

Das hurtige Hüpfen und Reißen des Wassers im Hochgebirge verlangsamt sich zum schiffbaren Strom, wenn die Abwärtsbewegung verzögert zum trägen Fließen wird. So verliert sich der Rhein, dessen Lauf Hölderlin von der Geburt im Gebirg bis zum Meer verfolgt, im Horizontalen der Mündung.[7] Auflösung im Muttermeer *(la mer – la mère)* ist das Los der fließenden Gewässer. Sie hören auf, Namen und Charakter zu tragen. Im Mündungsgebiet bildet das Flusswasser mit dem Meer Mischungszustände, bis es, unerkennbar geworden, schließlich auch Sprache und Identität verliert. Die poetischen Gestalten des Wassers wurden, oft fokussiert auf die Zeit um 1800, schon vielfach dargestellt.[8]

In der Vertikalen des Wassers aber liegt auch das Tödliche. Wie die Oberfläche des Wassers die Tiefe des lichterfüllten oder sternengeschmückten Himmels widerspiegelt, so verdeckt der Wasserspiegel das Abgründige, das jeden erfasst, der sich aufs weite Wasser hinauswagt. Das Untermeerische ist die größte zusammenhängende Masse, außerordentlich bedeutsam für Lebewesen und das globale Klima – aber auch ein Tremendum und Faszinosum, wie etwa in Schillers *Taucher*-Gedicht (1797) oder in Jules Vernes Roman *20 000 Meilen unter dem Meer* (1869/70). Das Untermeerische weist ein völlig anderes atmosphärisches Klima auf als das Unterirdische, sei's in der Hölle, in Höhlen, im Bergbau oder subterranen Architekturen. Alle ausdifferenzierten Kulturräume, so Ernst Kapp und Carl Schmitt, sind abhängige Variablen von Flüssen, Binnenmeeren und Ozeanen.[9] Städte entwickeln sich an Ufern und Küsten, an denen allein sie Chancen zur Entwicklung haben. Das ist die Geburt der Kultur vielleicht nicht aus dem, aber am Wasser. Zusammenfassend: Man

muss die Physiognomien und die Ökologien des Ausdrucks[10] erfassen, wenn man die Bildungskraft der Wasserlandschaften verstehen möchte.

Die destruktive Seite von Kraft darf nicht unerwähnt bleiben. Die Grenzzonen des Wassers enthalten oft auch Not und Tod, sei's durch Überfluss (Überschwemmungen), sei's durch Knappheit (Dürre, Wüste) oder furchtbare Kälte (Kryomer, glaziale Serien, Kältetod, Entropie). Diese Negativität dramatisiert die Semantik und Geopoetik des Wassers. Das gilt auch für das vernichtende Feuer, den wilden Sturm und die bebende Erde. Nicht zufällig bilden Sintflut und Weltbrand die zwei Urtypen globaler Katastrophen. Sie wurden in zahllosen Gemälden und Filmen ausfantasiert. Sie reflektieren die Angst, aber auch die Angstlust angesichts von Katastrophen. Unübertroffen, auch hinsichtlich der apokalyptischen Semantik des Wassers, ist das Langgedicht *Darkness* von Lord Byron (1816): eine Inkunabel der Romantik.

Für die europäische Kulturgeschichte ist der Einschnitt grundlegend, den Empedokles setzte, als er alle Elemente zu einer Tetrade zusammenfügte und in einen Zyklus der Verwandlungen und des Stoffwechsels setzte. Seither bildet die Vier-Elemente-Lehre für 2500 Jahre die Basis der Naturphilosophie, der Medizin, Anthropologie, Landschaftsästhetik und der elementenbezogenen Techniken.

Empedokles und Aristoteles legten der Tetrade von *Feuer Wasser Erde Luft* noch zwei polare Qualitätenpaare zugrunde: Feuer ist konstituiert durch warm und trocken; Luft

---

7   Hölderlin 1943.
8   Tümmers 1968; Junker/Wolff 1974; Blume 1980; Böhme 1989; Seiderer 1999; Guzzoni 2005; Parodi 2008.
9   Kapp 1845; vgl. Maye/Scholz 2019; Schmitt 1942/1981.
10 Fehrenbach/Vollgraff 2022.

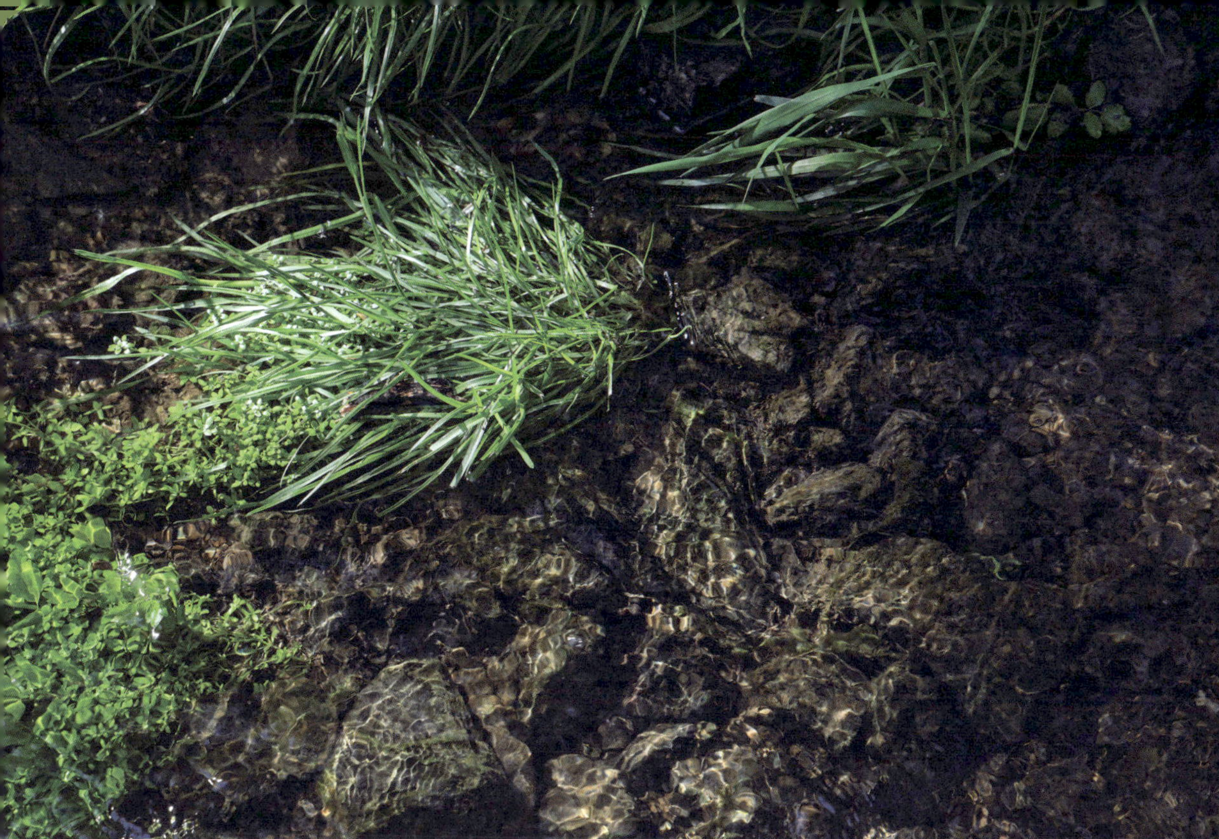

durch warm und feucht; Wasser durch feucht und kalt; und Erde durch kalt und trocken. Interessant ist, dass hier nicht, wie in der griechischen Kultur sonst, der Visualsinn die Führung übernimmt, sondern der Tastsinn. Der Tactus nämlich ist für alle Lebewesen basal: Er detektiert die Wirklichkeit der Dinge, ist der entscheidende Ernährungssinn und reguliert das Vermögen der Reproduktion.

Beim Wasser können wir uns die δύναμις, das Vermögen zur Verwandlung, leicht klarmachen. Die aktuelle Manifestation von Kraft oder Macht heißt ἐνέργεια. Die jeweilige Ausdrucksform – Wolke, Eisberg, Fluss etc. – ist stets enantiotrop. Die enantiotropen Formen bilden die Evidenz des Wassers. Man kann auch sagen: Die fluide Ausdrucksform des Wassers besteht zur Hauptsache in seinem Fühlbar-Sein, aber auch im Vor-Augen-Stehen seiner polymorphen Potenziale. Sie machen seine *Evidenz* aus (ἐνάργεια/ evidentia) und begründen die vielgestaltige Phänomenologie des Wassers. Wird das Kalte verstärkt, so verliert das Wasser sein Feuchtes und wird gewissermaßen trocken:

Es gefriert und nimmt Qualitäten der kompakten Erde an. Als Eis kann es sogar einen jahrmillionenalten Kontinent bilden, die Antarktis. Wird hingegen Wärme zugeführt, so gewinnt das Wasser als Dampf oder Wolke den Charakter von Luft. Verdunstet es völlig, so sedimentieren die in Wasser gelösten Stoffe und bilden Erdhaftes, kalt und trocken. Schon im Normalzustand des Wassers werden Sedimente ausgefällt: Das im Wasser gelöste Erdige trennt sich ab. Dieser Gedanke bildet die epistemische Grundannahme des Neptunismus, wie er im 18. Jahrhundert – in Konkurrenz zum Vulkanismus – etwa durch den Montanwissenschaftler Gottlob Abraham Werner und Goethe vertreten wurde.

Schon dieser Überblick zeigt, dass das Wasser eine variantenreiche Phänomenalität aufweist. Seine Erscheinungsvielfalt gehört zu den bedeutenden Landschaftsbildnern. Ähnlich sind auch die Berge oder die Pflanzen elementare Agenten im geomorphologi-

11   Böhme 2019; ders. 2022b.

schen Geschehen: In der Einheit der Landschaft ist immer zugleich die Vielheit ihrer Kräfte, Formen und Bestandteile aufgehoben. Das hatte Alexander von Humboldt erkannt.[11]

Natur und Landschaft wurden in der Tradition oft nur wahrgenommen in instrumentellen, zweckorientierten Handlungskontexten, also zentriert auf technisch aktive Menschen. Auch dies ergibt eine reiche Kulturgeschichte des Wassers. Sie behandelt Schifffahrt und Welterschließung, die Wassertechnologien von der Hydraulik bis zum Wasserstraßensystem, Staudämmen, Kanalisationen, Häfen, Bewässerungsanlagen, Trinkwasserfabriken, Wasseraufbereitung, Wasserregale etc. Diese Technologien sind starke, agentielle Faktoren von Wasserlandschaften. Sie eröffnen das kulturgeschichtlich reiche Feld der Beziehung von Wasser, Ingenieurskunst und Architektur.

Katastrophen und Kultur

Angesichts der Gewalt des Wassers erfährt der Seefahrer Kräfte und Dimensionen, die sein leiblich-räumliches Gefüge als Landtier weit übersteigen. Wasserkatastrophen entfalten eine Macht, die alle Grenzsicherungen der Zivilisation durchschlägt und mit unwiderstehlicher Wucht in uns elementare Angst erregt. Dann wird das Wasser zum Feind, gegen den wir zuerst unser Leben und sodann Hab und Gut verteidigen. Dies ist eine kulturelle Universalie. Denn Kultur ist zuerst ein System von Abwehrmechanismen zur Bildung eines Binnenraums, der vor Katastrophen schützt und überhaupt erst humane Evolution erlaubt. Wo immer wir der Natur, also Wind und Wetter, Wasser und Feuer, Kälte und Hitze, schutzlos ausgesetzt sind, bleiben wir an ein rudimentäres Niveau von Kultur gefesselt. Alle Kulturen haben darum versucht, die Grenzen dieses verfriedlichten Binnenraums zu erweitern und zu verstetigen.

Kultur soll verlässliche Ordnungen, stabile Sozialbeziehungen und Zukunftsvertrauen bereitstellen und erhalten. All dies wird durch Katastrophen (aber auch durch Kriege) zerschlagen. Darum ist es wichtig, wenn in der Katastrophe auch präventives Krisenmanagement selbst auf den unwahrscheinlichsten Fall vorbereitet ist, so dass die sozialen Bindekräfte nicht kollabieren, denn Katastrophen schlagen leicht in Barbarismus um. Insofern sind Katastrophen immer auch Bewährungsproben für den Staat, die symbolische Ordnung und die Integrationskraft einer Gesellschaft. Diese kann nur überleben, wenn sie über Fähigkeiten zur Solidargemeinschaft verfügt. Sonst dissoziiert sie im Wirbel der Katastrophe wie die Dinge im Strudel der Wasser versinken.

Seit alters wurde im mitteleuropäischen Flusssystem viel unternommen, um dem periodischen Ansturm der Fluten zu trotzen. Seit Jahrhunderten sollen Dämme, Deiche und Wehre vor den meist frühjährlichen Hochwassern schützen. Die mäandernden Verläufe wurden begradigt, Auen, Moore und Brüche in Ackerland verwandelt. Die Flüsse wurden zu Transportwegen ausgebaut, zur geregelten Bewässerung genutzt, zur Energiegewinnung oder Trinkwasserversorgung in Talsperren eingefangen, als Grenzen gesetzt beziehungsweise umgekehrt zum Zweck des Verkehrs von Brücken überspannt. Städte haben sich vor allem in der Nachbarschaft zu Flüssen bilden können. Bis heute hängt die gesellschaftliche wie die industrielle Entwicklung von einem klugen Wasserregime ab. Die Geschichte der Flüsse und ihrer rigorosen Einhegung zu Zwecken des Verkehrs, der Siedlung und der Agrarwirtschaft hat uns indes gelehrt, dass wir hierbei verheerende Fehler gemacht haben, die heute teilweise in teuren Renaturierungsprojekten rückgängig gemacht werden.

Die anthropogenen Eingriffe ins Klima und in die Landschaftsmorphologie werden selbst zu Faktoren von Katastrophen. Der menschengemachte Wärmeanstieg verringert zwar à la longue die Hochwasser durch Schneeschmelze; doch zugleich fördert er die Frequenz und Intensität extremer Wetterlagen mit Starkregen- und Orkanereignissen. Hochwasserschutz und Flussverbauungen, die Vernichtung der Auen und Moore, die Vervielfachung der Fließgeschwindigkeit und die Erhöhung von Hochwasserpegeln durch die „Einsperrung" der Flüsse in schifffahrtstaugliche Rinnen – all dies zeigt, dass kulturelle Selbstbehauptung potenziell die Gefahren vergrößert, vor denen sie schützen soll.

Dieser Dialektik ist nicht zu entkommen. Zu ihr gehört, dass es einen fatalen Zusammenhang zwischen zivilisatorischer Dichte und Intensität von Katastrophen gibt. Je kompakter die Besetzung natürlicher Räume durch Einrichtungen der Zivilisation, desto schwerwiegender die Auswirkungen katastrophaler Singularitäten, wenn diese die Grenzen der Kultur niederreißen. Wir haben es mit einem neuen „katastrophalen Paradox" zu tun: Die „Angriffe" auf die Grenzen des humanisierten Raums haben ihren Ursprung immer mehr im Zentrum der Kultur selbst. Die in anthropogenen wie natürlichen Faktoren begründeten Katastrophen sind Ausbrüche unkalkulierbarer Gewalt aus dem „schlafenden" Untergrund unserer gut überwachten Gesellschaften. Dies skandalisiert unser Sicherheitsbedürfnis und unsere Angst und erinnert an die Verletzlichkeit unserer Gesellschaft, deren Vulnerabilität dadurch steigt, dass sie Menschen, Sachwerte, Verkehrssysteme und Siedlungen immer dichter zusammenpackt.

Die Notwendigkeit kultureller Hydrologie

Wir wissen viel über das Wasser. Hydrologie kann als Grundwissenschaft gelten, weil das Wasser für alles Leben elementar ist; zudem kommt es in vielen Teildisziplinen vor: Hydrotechnik, Hydroenergetik, Hydrogeologie, Hydrobiologie, Hydrographie, Hydrometeorologie, Hydrometallurgie usw. Gegenwärtig spielt in vielen Weltregionen die Sicherung des Trinkwassers eine überragende Rolle. Auch wird die Aquakultur immer wichtiger. Die Verschmutzung der Meere, Seen und Flüsse, die Gefährdung der Wälder durch sauren Regen, die Versteppung ganzer Landstriche – überall zeigt sich das Wasser als ein Medium, das sensibel auf die Zerstörungen durch die technische Zivilisation und den destruktiven Konsumismus reagiert.

So sehr die Moderne durch Ausdifferenzierung von Einzeldisziplinen charakterisiert ist, so unangemessen ist dies gegenüber dem Wasser. Eine ganzheitliche Geowissenschaft ist eine Hauptaufgabe des 21. Jahrhunderts. Dies gilt auch für den Boden, der als hauchdünne Membran zwischen der Lithosphäre und dem Luftraum liegt und unser Leben ermöglicht: Darum ist die Pedologie (Bodenkunde) ähnlich fundamental wie die Hydrologie. Die Ubiquität des Wassers (und des Bodens) in allem Lebendigen macht es zu einem „absoluten Phänomen", gegenüber dem die Isolation der Wissenschaften fatal ist.

Das Wasser berührt unmittelbar soziale, ökologische und kulturelle Sphären. Die globale verkehrstechnische Erschließung des Wassers ebenso wie seine Militarisierung und Verrechtlichung, schließlich die Einschaltung des gesamten technosozialen Kreislaufs in den Kreislauf des Wassers haben gegenüber der alten naturphilosophischen Elementarität des Wassers eine sekundäre Elementarität geschaffen: Das Wasser ist einer der Schauplätze, auf denen die Folgen der technischen Umarbeitung der Erde zur Aufführung kommen. Weil das Wasser keine Grenzen kennt; weil es sich in einem komplexen Weltkreislauf bewegt sowie die Kör-

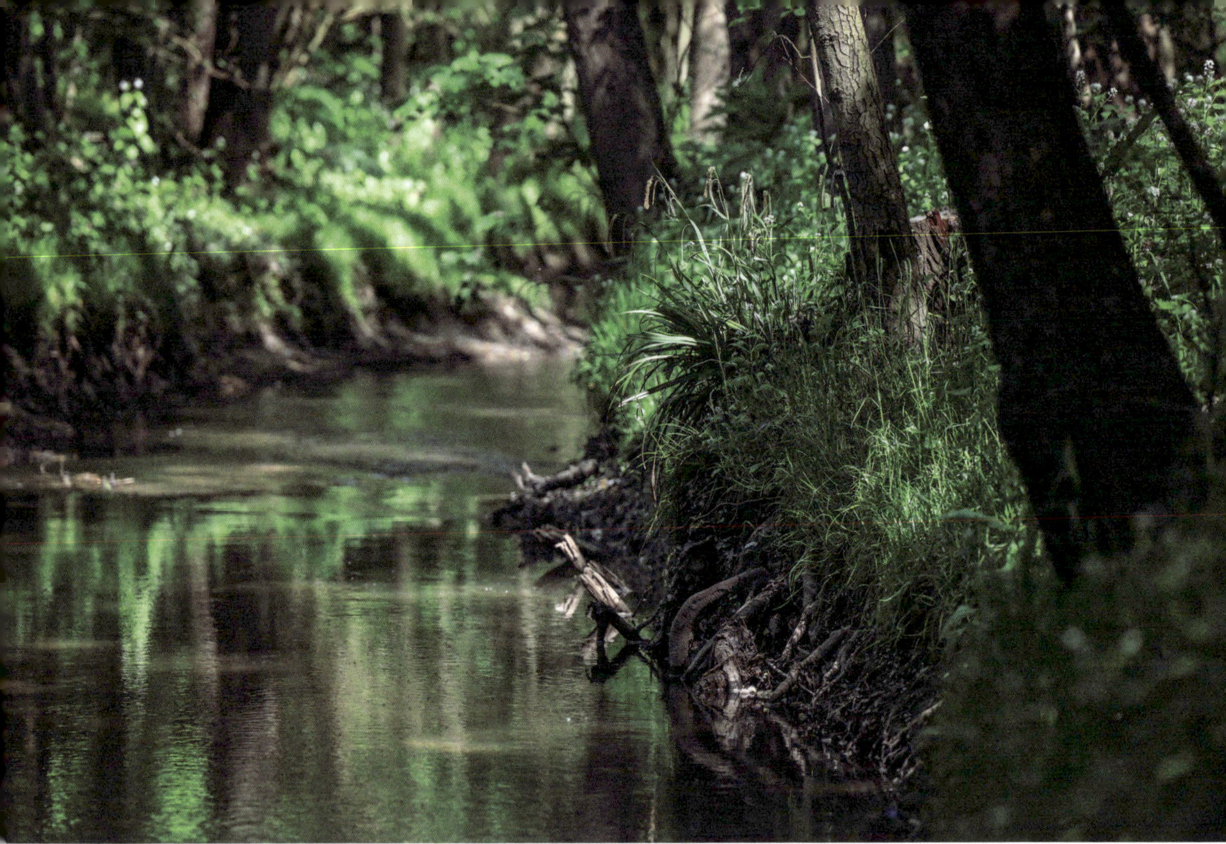

per aller Menschen und Lebewesen, die Häuser und Fabriken, die Städte, Dörfer und Landschaften durchströmt; und weil dieser anthropogene Kreislauf in den natürlichen Kreislauf des Wassers eingeschlossen ist und ihn zugleich verändert: Weil dies so ist, muss es im erstrangigen Interesse der Kulturen liegen, zu einer weltweiten Ordnung des Wassers zu kommen. Diese sollte nicht nur eine systemisch-technische Ökologie sein, sondern sie hätte Gesellschaft, Politik, Recht, Kultur und Künste einzuschließen.

Selbstverständlich gehören auch geomorphologische sowie klimatische Verhältnisse zu den formativen Bedingungen von Landschaften. Landschaften sind abhängige Variablen von Klima und Wetter, Wasser, Licht, Luft, Höhenlage, Bodenbeschaffenheit, Temperatur, schließlich auch von anthropogenen Faktoren wie Ackerbau, Viehhaltung und Landkultivierung. Im System der Gaia ist alles mit allem vernetzt. Und aufgrund seiner vielfältigen Wirkkräfte ist Wasser vielleicht der wichtigste Akteur der planetarischen Vernetzung. Daraus erwachsen die Ideen zur geoklimatischen Architektur des Planeten, unter Einschluss der Kulturen und Sitten der Menschen.[12]

Bei der Wiedergewinnung der Elementarität des Wassers bedarf es einer Neuorientierung der Wasserwissenschaften und -politik im Rahmen praktischer Naturphilosophie und systemischer Ökologie. Die Traditionen einer Philosophie des Wassers seit 2500 Jahren liegen brach. Das tradierte Wissen von Natur hat einen tiefen Geltungsverlust erlitten. Dieser geht auf eine Verschiebung der Position des Menschen in der Natur zurück. Der Mensch wechselte aus einer schwachen Position, in der man sich an die Natur und ihre Bedingungen anzupassen hatte, zu dem selbstbewussten Stand, in der Welt ein *homo secundus deus* zu werden. Dies ist, blickt man auf ältere Kulturen, ein neuzeitliches und europäisches Phänomen.

Die naturphilosophische Architektur des Seienden, wie sie in der Antike entworfen wurde, hat bis ins 18. Jahrhundert gehalten.

12 Steinhardt/Barsch/Blumenstein 2012.

An die Stelle des Elements Wasser und einer qualitativen Naturphilosophie trat nun die technizistische Ökologie und die chemophysikalische Weltauffassung: die Lehre von der Zusammensetzung und Veränderung der Stoffe. In der Kosmologie, der Physik und Chemie, aber auch in der Medizin hatte die analytisch-experimentelle Wissenschaft endgültig gesiegt. Das Wasserreich wurde zur Sphäre technischer Beherrschung. Damit hatte jedoch die Natur ihre Würde und ihren Anspruch auf Achtung verloren, die in den ästhetischen, religiösen und philosophischen Traditionen leitend gewesen waren.

Angesichts der Gefährdung der Natur und der Selbstgefährdung des Menschen ist eine neue Wissenschaft und praktische Ästhetik des Wassers nötig. Wenn kein Gott die Natur als Schöpfung dem Menschen überlässt; wenn die kosmologische Ordnung der Natur nicht mehr als Ausdruck des Schönen gilt – dann müssen die Menschen sich selbst darüber belehren, was ein angemessenes Umgehen mit den elementaren Sphären und Kräften der Natur heißen könnte – des Wassers, des Bodens, der Luft und des Feuers.

Aspekte einer Kulturgeschichte des Wassers

Grundlegend für die Kulturgeschichte des Wassers ist zunächst der menschliche Leib. Viele leibliche Gefühle und Sensationen nehmen eine wasserhafte Form an. Ihre Genealogie verdeutlicht, dass sie den vielfältigen Erfahrungen des Trinkens, Dürstens, Waschens, Badens, Schwimmens usw. entstammen. Die fluidale Dynamik unserer Gefühle zeigt sich allüberall.

Das Trinken, Baden, Duschen, Waschen, Schwimmen im Meer, in Seen und Flüssen weist durchweg zivilisatorische Stilisierungen auf; nicht anders das körpereigene Fließen beim Urinieren, Menstruieren, Weinen, Schwitzen usw. Sie hängen mit der Geschichte der Körperhygiene, des Badewesens, der Medizin, aber auch des Sports, der Mode, der Moral, der Balneologie oder der Sanitärtechnik zusammen. Es gibt nicht nur schichtenspezifische und ethnisch differente Formen der Wasserpraktiken und -gefühle, sondern diese unterliegen historischen Entwicklungen und modischen Konjunkturen.

Viele Wasserphantasmen knüpfen an bestimmte Praktiken an, etwa die Seefahrt. Hier sind Wasserheroen wie Odysseus oder Kolumbus so wirkungsmächtig, weil sie Portalfiguren darstellen für die epochale Ausbildung neuer Männerbilder und neuer Eroberungsdynamiken.

Ohne Schiffe hätte sich die Menschheit nicht auf alle Kontinente ausbreiten können; und niemals hätte sich der Mensch zum Herrn der Erde entwickelt ohne diese kultur- und technikgeschichtlich vielleicht folgenreichste Erfindung vor der Erfindung des Flugzeugs. Der Mensch ist physiologisch ein Landtier, ein Abhängiger des territorialen Lebensraums. Zum Kolonisator der Erde wurde er erst durch das Schiff. „Weltbewusstsein"[13] ist ein Effekt der nautischen Unternehmen, welche die Grundlagen legten für die kartografische Erfassung des Erdballs und für die globalen Nachrichtennetze. Darum findet seit der Neuzeit die lateinische Pathosformel „Navigare necesse est, vivere non est necesse" (Schifffahrt ist notwendig, Leben aber nicht; Plutarch: Vitae parallelae, *Pompeius* 50,1) eine so weite Verbreitung. Sie geht auf die gleichlautende griechische Formel „Πλεῖν ἀνάγκη, ζῆν οὐκ ἀνάγκη" zurück.

Schiff und Seefahrt werden seit der Antike als Metapher für den Staat (Staatsschiff), die Kirche, die Gesellschaft, die Lebensreise verwendet. Der Schiffbruch spielt als „Daseinsmetapher" eine durchgehende Rolle.[14]

13 Ette 2002.
14 Blumenberg 1979; Mertens 1987; Hönig 2000.

Nichts kann so sehr wie die Schifffahrt den Selbsterhaltungskampf des Menschen in endlosen Weiten, die Erfahrung der schauerlichen Tiefe, den Schmerz der Trennung und das Glück der Rettung, das triumphale Können des „großen" Menschen und sein Scheitern erfahrbar machen. Natürlich gehören hierher auch die Seehelden, die Seeräuber, die auf Inseln verschlagenen Schiffbrüchigen, die Tiefseefahrer und Polarforscher, die Mythologien und Narrative der Flussregulierung und des Deichbaus. Schifffahrt ist eo ipso heroisch, weil sie stets mit Lebensgefahr assoziiert ist. Schifffahrt und Schiffbruch sind deswegen aufs Engste verbunden. Keine der alten Techniken ist so unmittelbar dem Tod konfrontiert wie die Fahrt über das unberechenbare, abgründige, wahrlich fürchterliche Meer. Erst der Mensch, der sich vom Land zu lösen vermag, betritt eigentlich erst den Globus.

Eines der prototypischen Bildmotive der marinen Malerei Europas also ist der Schiffbruch. Im Sturm eines unsteuerbaren Schicksals ist das selbstgeschaffene Gefährt des Lebens zerbrochen. Wenn es gut geht, kann sich der geschlagene Mensch, in seiner kreatürlichen Vulnerabilität und existenziellen Einsamkeit, gerade noch an den rettenden Strand schleppen. Fortuna nimmt und gibt; sie ist gleichgültig wie die Natur selbst. Am Anfang der europäischen Literatur, in der *Odyssee,* werden derlei Szenen wiederholt geschildert. Seither sind Schiffsuntergänge fest ins Gefüge der maritimen Darstellungen integriert und überdauern alle Epochen. Denn angesichts der Gewalt des Meeres ist es gleichgültig, ob die Unglücke als Spiele der Fortuna oder Nemesis, als Strafe für menschliche Hybris (ein Muster noch beim Untergang der *Titanic*), als Emblem der Vanitas, als Strafe Gottes für sündigen Lebenswandel, als Trostbild eines barmherzigen Gottes, oder schließlich als Figur bedeutungsloser Kontingenz gedeutet werden, vor der nichts sicher ist.

Kulturphysiognomik

Ferner ist an das Konzept einer Kulturphysiognomik des Wassers zu erinnern. Ihr Grundgedanke ist: Natürliche Umwelten bestimmen den Kulturprozess mit. Hinsichtlich des Wassers heißt dies: Trinkwasservorkommen, Lage zu Flüssen oder Meeren, Regenmenge, hydrometeorologische Verortung spielten für die Entwicklung von Städten, Stadtstaaten und sogar von Großmächten eine überragende Rolle. Dabei werden die wasserbezogenen

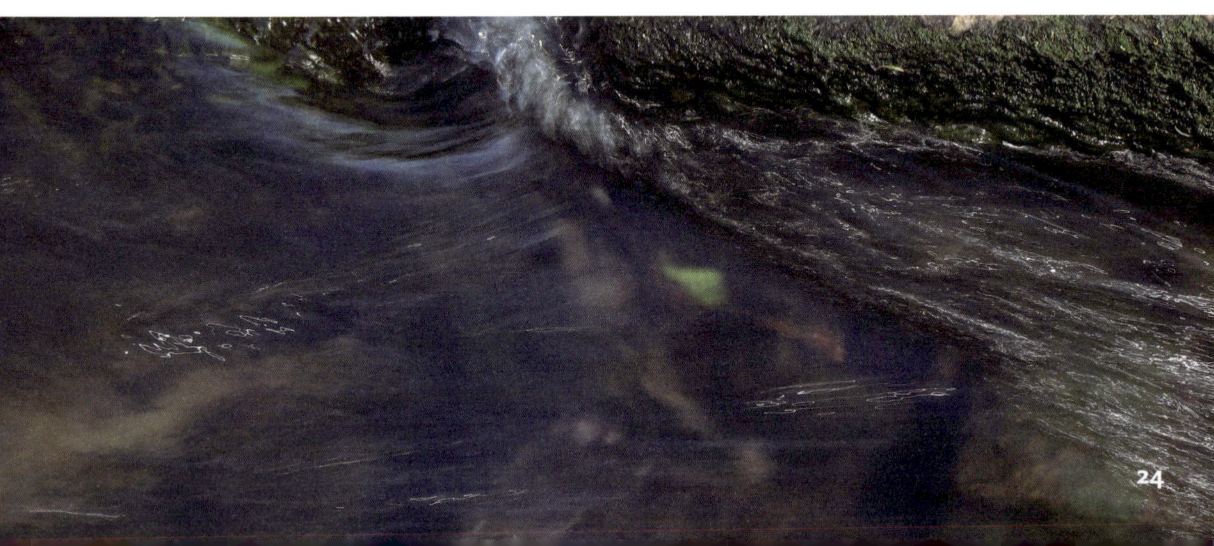

Techniken entscheidend: Kanalisationen, Wasserversorgung und Bewässerungstechnik sind für die Ernährung größerer Bevölkerungen eine Voraussetzung; günstige Situierung an schiffbarem Wasser begünstigt den Schiffsbau und befördert die Entwicklung von Handel und Militär. Diese Gegebenheiten, deren Relevanz man schon in der Antike erkannte, werden heute als geostrategische Faktoren berücksichtigt. Damit meint man die effektive Umsetzung von Lagevorteilen und technologischer Potenz in der Konkurrenz von Staaten. Doch mit Kulturphysiognomik ist mehr gemeint. Nicht allein die politische Macht wird durch den Faktor Wasser mitbestimmt, sondern auch die Physiognomie einer Kultur: mentale und expressive Stile, grundlegende Raum- und Zeitvorstellungen, Wertkomplexe, Kulte und Riten, Religion, Kunst und Wissenschaft.

Es war ein Geograph, der diesen Gedanken zuerst systematisierte. Schon Ernst Kapp (1845) hatte versucht, auf Grundlage des Wassers eine Typologie der Weltgeschichte als Abfolge dreier Kulturformen zu begründen:[15] Er beginnt mit der potamischen, der Fluss-Kultur, wofür etwa die Euphrat/Tigris-Region und die Nilkultur Ägyptens stehen; danach wird die thalassale Kultur bestimmend, die sich binnenmeerisch – so vor allem im Mittelmeerbecken – bildet, bis schließlich die ozeanische Kulturstufe erreicht wird, deren Typ am reinsten durch die englische Seemacht seit dem 17. Jahrhundert gebildet wird.

Darauf baut der Staatsrechtler Carl Schmitt in seinen Büchern *Land und Meer* (1942)[16] und *Der Nomos der Erde* (1950)[17] auf. Schmitt schließt seine Überlegungen an eine Bemerkung Hegels an: „Wie für das Prinzip des Familienlebens die Erde, fester Grund und Boden, Bedingung ist, so ist für die Industrie das nach außen sie belebende Element das Meer."[18] Zwischen diesem modernen Gedanken und dem Rat Platons, auf die Vorteile der Lage von Städten am Meer wegen der damit verbundenen ethischen Gefährdungen zu verzichten, liegt die unumkehrbare Entwicklung einer Geschichte, die schon zu Platons Zeiten in den maritimen Horizont eingetreten war.[19] Schmitt erkennt in den Übergängen von der potamischen zur thalassalen und zur ozeanischen Kultur grundlegende Revolutionen der Raumord-

15 KAPP 1845.
16 SCHMITT 1942/1981; vgl. GEHRING 2006.
17 SCHMITT 1950/1988.
18 HEGEL 1995, S. 391.
19 SCHOLTZ 2016.

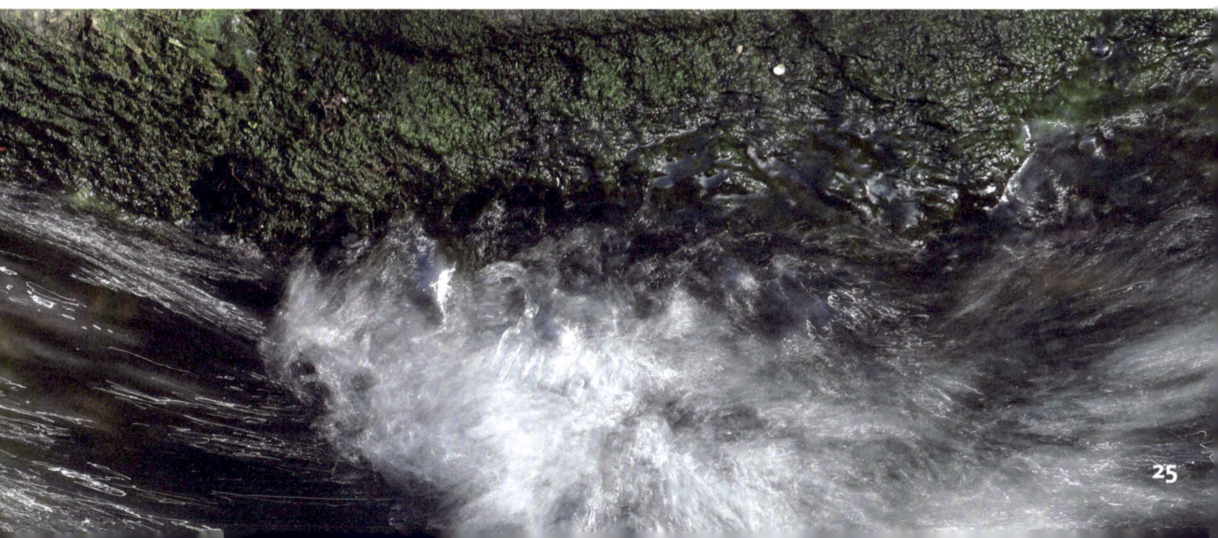

nung. Durch sie verteilten sich die Gewichte der Macht danach, welche Gesellschaft die neuen Raumdimensionen am besten realisierte. Schmitt unterscheidet terrestrische von marinen Kulturen und behauptet, dass die historische Dynamik von solchen Gesellschaften bestimmt wurde, die eine mächtige Wasser- und Seekultur entwickelt hätten.

Die Wichtigkeit der Raumrevolutionen besteht darin, dass die Raumvorstellungen einer Kultur zugleich das Verhältnis von Statik und Dynamik, Tradition und Innovation, Vergangenheit und Zukunft bestimmen und damit in die Wert- und Normenkomplexe von Gesellschaften eingreifen. Die Verschiebungen, welche die Neuzeit einleiten, mögen das verdeutlichen: Noch vor der kopernikanischen Wende verschiebt die Raumrevolution durch Kolumbus die politischen, ökonomischen und kulturellen Gewichte zu jenen Staaten, die sich der ozeanischen Herausforderung gewachsen zeigen – seemilitärisch wie verwaltungstechnisch.[20] Dabei geraten nicht nur traditionelle Landmächte in die zweite Linie, sondern auch thalassale Mächte wie zum Beispiel Venedig.

Kolumbus ist das Realsymbol jener Grenzüberschreitung, durch welche die küstennah operierenden europäischen Staaten ozeanische Dimensionen entwickelten. Fortan hatte kein Land mehr Bedeutung, das diese maritime Ausdehnung des Raumes nicht beherrschte. Das Meer hat jene imperiale Ausbeutung der überseeischen Kulturen erst ermöglicht, die dem Zeitalter des Kolonialismus seinen Namen gab. Kolumbus ist die Figur dafür, dass die Erde das Eigentum des meerbezwingenden Menschen ist. Die Raumerweiterung durch das Meer geht mit einer radikalen Anthropozentrierung des Raumes einher.

Gefährlicher als die Begegnung mit dem Meer ist jedoch die Begegnung des Menschen mit sich selbst. Sie führt zu den ersten großen Genoziden der Geschichte. Die Gewalt, mit der das Ende des Naturbanns herankam, bannte den Erdkreis unter die globale Gewalt, über welche die Menschen verfügten. Dabei wurde das Meer zum Oberflächenraum zwischen den Landmassen, Raum des Verkehrs und der Machtverteilung zwischen den Seemächten. Die Doktrin von der Freiheit der Meere, wie sie Hugo Grotius entwickelte,[21] gab das Meer jahrhundertelang frei als den Raum, auf dem die Konkurrenzen um Weltherrschaft ausgetragen wurden.

Doch auch für dieses Konzept von Kulturräumlichkeit gibt es historische Grenzen. Für die Dynamik raumbeherrschender Macht ist die ozeanische Stufe längst zu einer Phase geschrumpft. Zu Beginn des 20. Jahrhundert trat erstmals die vertikale Dimension – die Beherrschung des Luftraumes[22] und später des Weltraums – ins Zentrum der Macht. Doch ist auch die Wichtigkeit der großen Landmassen ins geostrategische Denken zurückgekehrt. Territorial- und Bevölkerungsgröße, nachdem sie gegenüber den Atomwaffen unwichtig zu werden schienen, sind in ihrer bloßen räumlichen Massivität und Mächtigkeit wieder relevant geworden. Luft-, Wasser- und Erdraum scheinen wiederum an Bedeutung zu verlieren durch zwei weitere, geostrategisch gewichtige „Reiche": die Energie und die Information. Die Verteilung der Energieressourcen, die Beherrschung ihrer Zugänge und die Schaffung neuer Energiequellen ist in jede Analyse räumlicher Macht einzubeziehen. So abhängig wie von Energie sind die hochentwickelten Gesellschaften auch von Information: Darum sind in Kriegen wie in Wirtschafts- und Finanzprozessen, in den Wissenschaften

20 Siegert 2006.
21 Grotius 1618/1919.
22 Asendorf 1997.

wie in Techniken, in der Politik wie in der Verwaltung der Vorsprung und die Kontrolle von Information von größter Bedeutung.

Vielleicht aber erweist sich der Tiefenraum der See als Allmende, als Deep Biosphere oder wenigstens als Fluchtraum vor den Desastern der Oberfläche. In Jules Vernes Roman 20 000 *Meilen unter dem Meer* von 1869/70 hat sich der Protagonist Kapitän Nemo in den Tiefengrund des Meeres zurückgezogen – in einem autarken, technisch perfekten U-Boot und mit einer gesichtslosen Mannschaft, die, wie das U-Boot selbst, eine Art instrumentelle Erweiterung Nemos ist. „Nemo" heißt so, wie sich Odysseus gegenüber dem höhlenbewohnenden Zyklopen Polyphem nennt: „Outis", dt. „niemand, keiner", lat. *nemo,* altlat. *hemo* = Mensch. Der Kapitän ist *nemo nostrum,* keiner von uns, auch: *kein Mensch.* Denn er hat mit der Menschheit gebrochen und mithilfe seines hypertechnischen Systems im Untermeerischen eine heimatlose Heimat gefunden. Nemo ist einer dieser genialen Wissenschaftlertypen mit perfekt eingekapseltem Ich (das ist sein U-Boot). Unerkannt und ruhelos durchstreift er die Weltmeere und erforscht die üppige, ebenso schöne wie erhabene Tiefendimension der Ozeane. Das künstliche technische Milieu ist ein Bild der unverletzlichen Autarkie, die Nemo anstrebt. Von der Menschengesellschaft radikal abgewandt und in seiner Freiheit durch nichts eingeschränkt, hängen Nemo und sein System völlig von der nutritiven und energetischen Potenz des mütterlichen Meeres *(la mer, la mère)* und der technischen Hülle, dem uterinen U-Boot, ab. Nemo ist nicht nur ein Misanthrop (allerdings mitleidig mit den kolonisierten Völkern), sondern auch ein Parasit des Meeres und, von der Technik her gesehen, ein Parasit eben der Kultur, von der er sich abgewendet hat. Er agiert wie ein nietzscheanischer Herrenmensch, ein autoritärer, zölibatärer Alleinherrscher seiner mobilen Reichszelle in der Tiefe, ein Verehrer der untermeerischen Natur, in der er das Weibliche und Mütterliche, dem er verfallen ist, niemals erkennt. Nemo ist nicht nur der nautische Nachfahre des Odysseus, sondern die technische Realisation des absoluten romantischen Subjekts.

Landschaft und Naturästhetik

Zu geringe Beachtung hat der naturästhetische Aspekt gefunden: nämlich das Wasser in der Landschaft. Bereits im 18. Jahrhundert hat man in Gartenkunst und Landschaftsmalerei „Charaktere" erkannt beziehungsweise in Szene gesetzt. So gab es im Landschaftspark heitere und erhabene, melancholische und pastorale, düstere und verspielte Szenen; es gab Orte, die für den Sonnenuntergang oder den heißen Mittag geeignet waren, oder solche, an denen Ruinenprospekte zur Kontemplation der Zeit einluden. Das Zusammenspiel korrespondierender dinglicher Zeichen fügt sich dem gebildeten Betrachter zu einer charakteristischen und gestimmten Landschaftsszene. Alexander von Humboldt hat wie kein anderer dieses natursemiotische Konzept der Landschaft mit naturwissenschaftlicher Beschreibung zu verbinden gewusst: Er behauptete, dass der Begriff Landschaft erst erfüllt sei, wenn die wissenschaftlich relevanten materiellen Gegebenheiten zu einer atmosphärisch wirksamen, synoptischen, oft synästhetischen Totalität konfiguriert erscheinen.[23]

Im Aufbau von Landschaftsphysiognomien spielt das Wasser eine bedeutende Rolle. Man kann dies an der Landschaftsmalerei, der literarischen Landschaft wie auch an alltagsästhetischen Erfahrungen mit „freier Natur" und „Stadtlandschaften" nachprüfen. Quellen, Flüssen, Seen und dem Meer kommt

---

23 Humboldt 1845 ff. Bd. I und II.

eine unterschiedliche Ausdrucksqualität zu; Regen, Nebel oder Wolken beeinflussen die Atmosphäre einer Landschaft; unterschiedliche Bewegungsdynamiken wie rieselnder Quell, donnernder Wasserfall, stiller See, stürmisches Meer versetzen in eine andere Stimmung: lieblich, majestätisch, schwermütig, erhaben usw.; die Wässer im großstädtischen Hafen oder in einer einsamen Bucht, im Eisschollenfeld oder in der Wüstenoase, auf den Terrassen der Reisfelder oder in kochenden Geysiren, in Grotten und Höhlen oder im tropischen Regenwald prägen sich der Umgebung charakteristisch auf und verleihen dem Gesicht der Landschaft fast immer einen akzentuierenden Ausdruck. Hier bilden Künste und Literatur ein riesiges Archiv für eine ästhetische Geschichte des Wassers.

Jules Michelet publizierte mit dem Buch *La Mer* (1861) ein unübertroffenes Meisterwerk einer Physiognomik des Meeres.[24] Michelets grandiose Wasseretüde findet allenfalls in den besten Naturschilderungen Alexander von Humboldts[25], vielleicht auch in der großartigen Studie über die Küste von Alain Corbin (1990)[26] einen Gegenpart. Mit Humboldt teilt Michelet das Verfahren, neueste wissenschaftliche Ergebnisse in einen poetischen Entwurf einzuschmelzen. Dieser hat jedoch Voraussetzungen und Folgen.

Zu den Voraussetzungen gehört, dass das Meer als Inbegriff der lebendigen Natur entwickelt wird; es sei Ursprung und Klammer des Lebens, ein gewaltiger Organismus, der im produktiven Kreislauf von Geburt und Tod die Matrix des Lebendigen darstellt. Gewiss ist Michelet hiermit der letzte Erbe der naturphilosophischen Tradition, die in der Natur eine grandiose weibliche Generativität annahm. Weit eher als durch den abstrakten Vatergott würden die Lebewesen von der maternalen Natur bestimmt. Wie ein erhabener Trost liegt über Michelets Werk der Gedanke, dass das Sterben heißt, sich im Produktions-

kreislauf der Natur aufzulösen. Das erinnert an Schelling und die Renaissancephilosophie und weist auf Georges Batailles Buch *Der heilige Eros* (1963)[27] voraus. Tatsächlich ist der Kosmos, den Michelet aus dem Meer entwickelt, ein gewaltiges erotisches Fest. Den Eros des Meeres zeigt Michelet über die Stufen der Kleinstlebewesen bis zu den hochintelligenten Walen und Amphibien. In allem wirkt die Urkraft der fluidalen Sexualität. So ist das marine Universum Michelets eine Fantasie, die ihr Paradies im Anblick der weiblichen Ströme findet: Matrix Meer.

Poesie und Eros des Meeres bringen die Kraft einer Sprache hervor, die noch einmal die kreative Macht der *natura naturans* sinnfällig macht. Das Wasser erzeugt die große *analogia entis* der Lebewesen. Daraus entwickelt Michelet eine ökologische und naturethische Kritikperspektive, die es ihm ermöglicht, die Kolonisierung der Meere als barbarischen Krieg der Menschen gegen die Natur zu entziffern. Michelet prangert bereits die Gefährdungen des ökologischen Gleichgewichts an. Es zeigt sich, dass die vormoderne Poesie des Meeres bei Michelet zu nachmodernen Perspektiven führt. Das reicht von der Forderung nach internationalen Tierschutzabkommen bei Seefischerei und Walfang bis zur Warnung vor den Folgen einer Zerstörung natürlicher Nahrungsketten; das reicht vom Panorama eines Meeres, das des Menschen unbedürftig ist, bis zur Vision einer ökologisch schonenden Ernährungssicherung der Menschheit aus dem Meer; und es reicht von der Kritik des männlichen Heroismus, der sich als blutrünstige Eroberungslust auf dem Meer austobt, bis zum Gemälde wohleingerichteter Seebäder,

24 Michelet 1861/1983.
25 Humboldt 1845–1862, hier besonders Bd. i, S. v–xvi, 5–386. Vgl. Böhme 2022a.
26 Corbin 1990.
27 Bataille 1963.

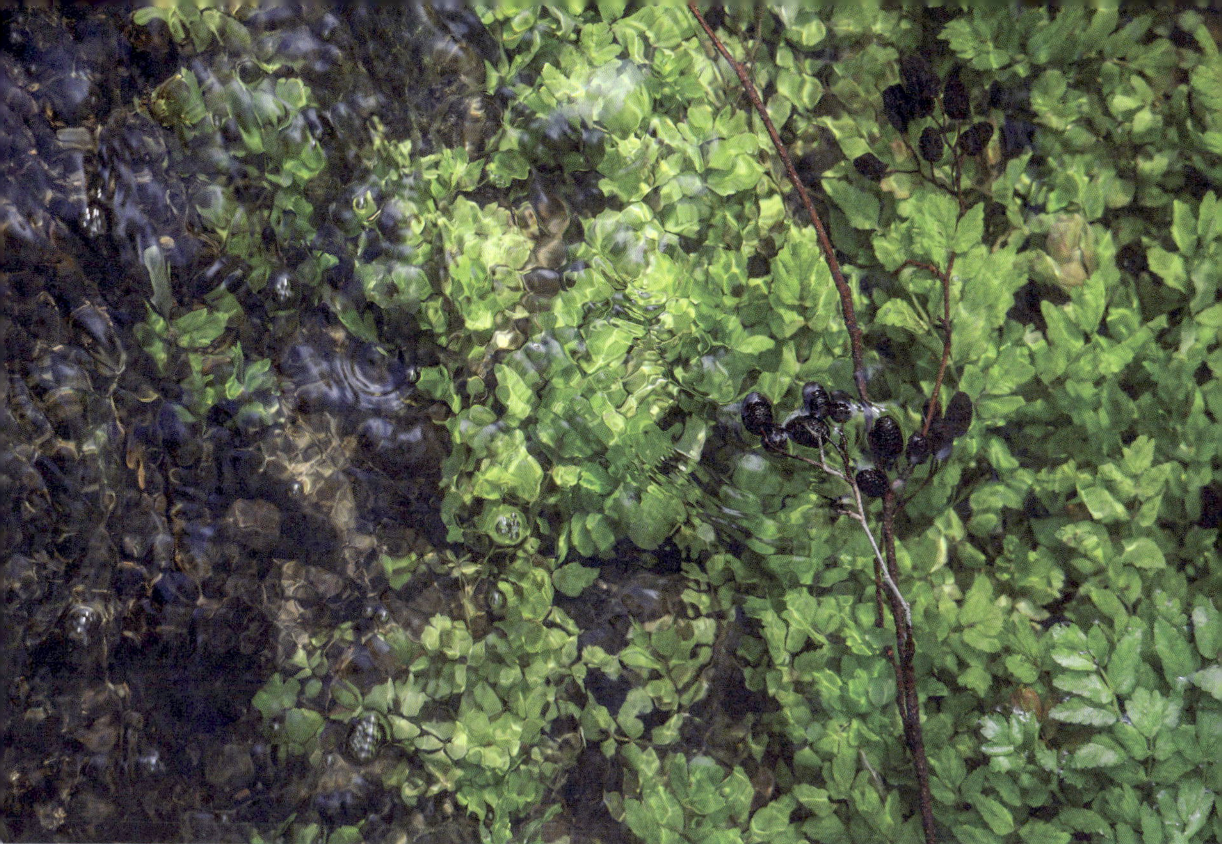

in denen das Meer seine Heilkraft wohltätig für die durch Industrialisierung und Verstädterung zerrüttete Gesundheit der Bevölkerung entfalten kann. Die Physiognomik des Meeres ist bei Michelet Kunst, Kritik und Wissenschaft in einem.

Die Kulturgeschichte des Wassers zeigt, dass die Einbildungskraft eher in der Lage ist, eine Nähe zur Natur zu halten, als das technische Wissen im Dienst der Naturbeherrschung. Im Vergleich mit der Vieldimensionalität Michelets ist die auf Datenregimes und technische Ziele konzentrierte systemische Ökologie verarmt und entfremdet. Vielleicht können wir heute, wo wir das Wagnis der Fantasie und nicht nur technische Vorsorgesysteme benötigen, um Wasser- und Klimakatastrophen zu bewältigen, und wo wir den Gesellschaftsvertrag durch einen Naturvertrag ergänzen müssen – vielleicht können wir heute von Jules Michelet lernen, aber auch von den philosophischen und künstlerischen Überlieferungen unserer Kultur, im wohlverstandenen Eigeninteresse der menschlichen Gattung. Dazu einige Beispiele.

Auf den Winter- und Eisbildern der europäischen Malerei ist es, als sei die Zeit selbst gefroren. Das flüchtige Wasser zeigt im eisigen Aggregat eine andere Form der Lebensfeindlichkeit als das im Sturm gepeitschte Meer. Wasser wird dem Stein verwandt, die Welt im Eis ist einer grausamen Härte unterworfen, wie sie sonst nur das Steinerne zeigt. Man muss sich die drei Modi des Aquatischen als Wasser, Wolke und Eis klarmachen, um die stille Tödlichkeit des Frostes auf Gemälden etwa bei Ivan Aiwasowski (1817–1900) zu verstehen. Sie lastet auch auf den terrestrischen Winterlandschaften, wenn das menschliche Leben nur unter Mühsal und Qual sich gegen die Erstarrung erhält.[28]

Hingegen ist das spielende Wasser, die frische Quelle das erste Element des antiken *locus amoenus,* und von da an rinnt, strömt, brandet, sprudelt das Wasser durch die Landschaften aller Epochen. Unzählig sind die Bilder, auf denen es als stiller Teich, als munterer Bach, als stürzender Fall, als mächtiger

28 Vgl. Böhme 2011.

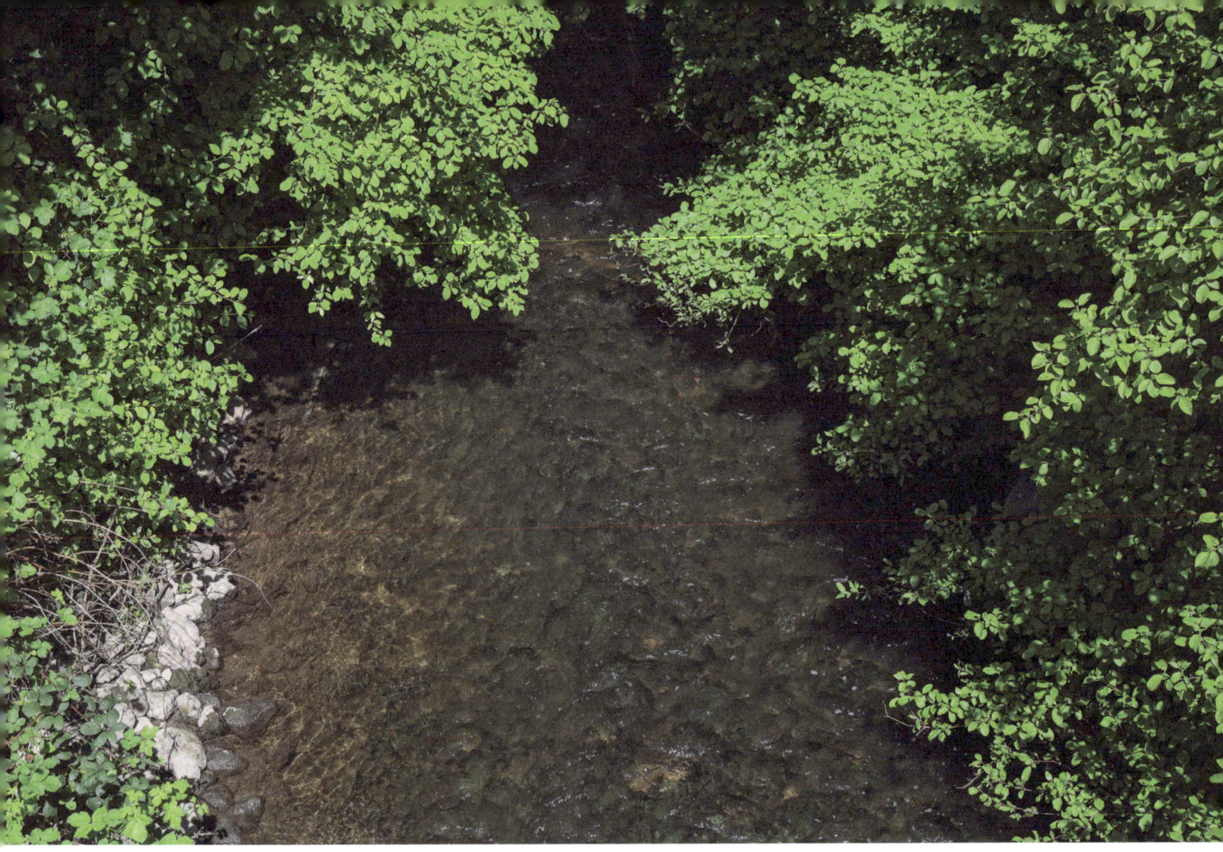

Strom, als unendliches Meer seine Allgegenwart bewährt. Und gar die Wolken, diese Verwandlungskünstler des Wassers; sie bezaubern, flüchtig nur, das landschaftliche Auge: die bauchigen Formen, welche dem Himmel Tiefe verleihen und vor seiner monochromen Abgründigkeit schützen; die jagenden Formen, welche die Spur der Winde zeichnen; die am Horizont mit dem Meer vermählten Boten der Ferne; die um die Gipfel dicht gelagerten Drohungen; die kraftvoll brodelnden Wände, aus denen das Gewitter hervorbricht; das zarte Gefieder, das über den Himmel fliegt; die flach übers Land gebreitete Decke der Melancholie; der Nebel über Hügel und Tal; das Leuchten der goldbebänderten Luftschiffe, wenn die rosenfingrige Aurora sie schmückt; ihr silbernes Prunken, wenn nächtens vor schwarzem Grund sie am Mond vorbeiziehen.

Noch stärker als das fließende Wasser zeichnen die Wolken die Spur einer besonderen Gottheit: der Flüchtigkeit. Sie ist die Signatur aller Dinge, selbst wenn sie, zu stolzen Gebirgen aufgetürmt, mit ihrem erhabenen Alter prunken. Und doch sind die Gebirge nur Wimpernschläge in der Tiefe der Zeit, die durch nichts akzentuiert wird wie durch die flüchtigen Wolken. Darum hängen im 18. Jahrhundert die Entdeckung der geognostischen Tiefenzeit und die Entdeckung der Wolken unmittelbar zusammen. Wenn Landschaftsmalerei, wie es Carl Gustav Carus wollte, zur „Erdlebens-Kunst" wird, lagern sich die steinernen Riesen ins Bild als Monumente einer Zeitentiefe, die formgebend an ihnen gearbeitet hat.[29] Von daher versteht man, dass Carus – nach den Abhandlungen über die Lithosphäre und über die Spielarten des Wassers – im neunten Brief das Luftmeer bespricht, um im zehnten dann, auf der Grundlage von Luke Howards Wolken- und Goethes Witterungslehre, eine Studie über das „Wolkenleben" folgen zu lassen. Als landschaftliche Komponente bilden die Wolken den Kontrapunkt zum Steinern-Gebirgigen, so wie das Wasser dem Feurigen und dem Äther entgegengesetzt wird. So

29 CARUS 1835/1972.

baut Carus die Landschaftsästhetik noch einmal aus den vier Elementen. Die Elementenlehre steht bei Carus noch in Übereinstimmung mit der modernen Landschaftsmalerei, bevor sich dann bei William Turner die gegenständliche Kompaktheit der Dinge auflöst und in flutende Energien verwandelt.

Kein größerer Gegensatz scheint denkbar als der zwischen den Wolken, die kaum am Sein teilzunehmen scheinen, und der steinernen Welt, welche den Grund alles Lebendigen darstellt: der Erde und des Pflanzenkleides, der Tiere und Menschen, der Dörfer und Städte, aber auch der Flüsse und Seen, ja selbst des Meeres, das in den Steintälern zwischen den Kontinenten lagert. Dennoch stellen sie alle nur verschiedene Modalitäten der Zeit dar. Und so „sehen" wir die Zeit überall: Der Fluss, der sich gegen den Horizont hin verliert, ist das älteste Symbol überhaupt des Zeitenstroms; das Licht gibt die Tageszeit zu erkennen; die Pflanzen zeigen die Jahreszeit an; die Gebirge stehen da als Ruinen einer ungeheuren Vergangenheit; die Tiere und Menschen kehren ihre Zerbrechlichkeit hervor; die Zeugen der Zivilisation – das Dorf, die Stadt, das Schiff – bezeichnen das Schaffende so sehr wie das Untergehende.

Das Steinerne und Aquatische verbindet sich dort, wo das Eis zur dauerhaften Form wird. Auch das Eis kann so zur landschaftlichen Gestalt werden, wie etwa in den Gemälden von Pieter Brueghel d. J. oder der Romantik. Dies bezeugen die hochalpinen Gletscherbilder um 1800. Eine besondere Akzentuierung erfährt das Eis in Caspar David Friedrichs Gemälde *Das Eismeer* (1823/24). In die durch Verschiebekräfte aufgegipfelten Eisschollen unter dem fahlen Licht der Sonne klemmt Friedrich ein Schiffswrack, das zum Symbol einer Todeslandschaft wird. In anderen Gemälden seiner Zeitgenossen werden Gletscher zwischen ungeheure Felswände gesperrt, als starre Ströme, die zum *nunc*

stans des Todes angehalten sind – oder die als Zeugnisse einer urgeschichtlichen Natur erscheinen. Winzig sehen wir menschliche Staffagen am Rande dieser gewaltig-stillen Macht, Merkzeichen der Verletzlichkeit angesichts einer lebensfeindlichen Erhabenheit. Hier ist das lebenspendende Wasser zum Sarkophag geworden. Die Zeit ist eingefroren.

Wird im Eismeer das Fluidale zum Tödlich-Starren, so löst sich in der Wüste das Steinerne auf in sandigen Wellen, die das Bild des unruhigen Meeres anhalten und in glühende Ödnis verwandeln. Die Wüste ist eine Erscheinung des Wassers und des Steines. Es scheint nur so, als bildeten Wüsten und Meere die Randzonen der Erde. Im Gegenteil. Das Leben ist die Ausnahme in einem Kosmos, der ganze Weltensysteme hervorbringt, die doch nur Zonen toter Materie sind. Die Himmelslandschaft, das Sternenzelt, das Blinken der Sterne über der Erde, die anderntags unterm Licht der Sonne aufs Neue erwacht, umhüllen ein Leben, das seit dem 19. Jahrhundert nicht mehr durch göttliche Schöpfung gesichert ist. Die Kälte des Friedrich'schen *Eismeers*, in dem das Schiff als Emblem menschlicher Geschichte zersplittert, korrespondiert mit dem Gesetz der Entropie, die alles Leben *in the long run* vereisen lässt.

Überall dort, wo das Steinerne, das Eis und das Meer in ihren mortifizierenden Bedeutungen ins Bild treten, als rohe Felsformation, als Wüste, als Seesturm, als erhabene Hochgebirge, als sinnloses Spiel der Elemente; und überall, wo die Wolken nicht mehr die liebliche Form des Augenblicks sind, sondern zu Zeichen drohender Gewalt, zum Nebel einer universalen Melancholie werden – da wird die Landschaft zum Reflexionsmedium, in dem das Tödliche und das Entropische, das Urgeschichtliche und das Postapokalyptische bedacht werden. Sie

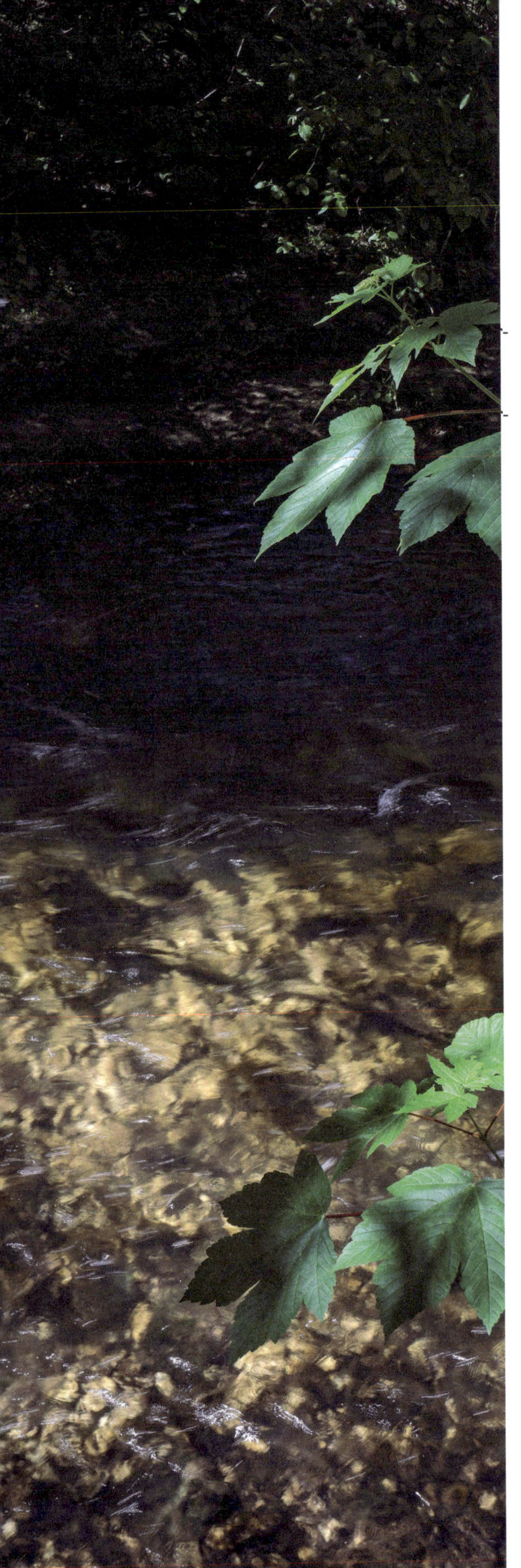

auf und gibt den zeitgenössischen Erfahrungen des Erhabenen, des Schreckens, der Dissoziation und des Widerstreits Raum, die das Schöne mortifizieren können.

Und doch: die Schönheiten der Welt. Es sind Gemälde der Vergangenheit, auf denen die Himmel weit und hoch sind, mal von Wolken befiedert, mal vor der flach stehenden Sonne ins Gold getaucht; wo sich die Küsten zu einladenden Buchten weiten, die für Städte und Häfen ebenso liebliche wie nützliche Lagerungen bieten; wo sich auf sanfter Meeresfläche große Segler stolz über den Horizont heben; wo sich auf kleinen Booten oder am Ufersaum müßiggehende Menschen in ruhiger Betrachtung dem friedvollen Prospekt von Licht und Gewölk, von Wasser und Erde, von Menschenwerk und Naturformation widmen: Derlei Gemälde kommen einer Zelebrierung der Malerei nahe, bis hin zum Kitsch, der stets das unglaubwürdig Schöne anspricht, dem wir uns nicht mehr hingeben können. Denn die Schönheit der Welt, wie schon Schiller wusste, ist für uns verloren, und wo sie noch immer ins Bild gebracht wird, wie etwa in den Schwarz-Weiß-Fotografien des Projekts *Genesis* von Sebastião Salgado (2013), kann sie nur in der reflexiven Brechung des melancholischen Blicks auf eine verlorene Natur erscheinen.

Literatur

Asendorf, Christoph: *Super Constellation – Flugzeug und Raumrevolution: Die Wirkung der Luftfahrt auf Kunst und Kultur der Moderne*, Wien/New York 1997.

Bataille, Georges: *Der heilige Eros*, hrsg. u. übers. v. Max Hölzer, Neuwied/Berlin 1963.

Blume, Bernhard: *Existenz und Dichtung. Essays und Aufsätze*, ausgewählt von Egon Schwarz, Frankfurt am Main 1980.

Blumenberg, Hans: *Schiffbruch mit Zuschauer. Paradigma einer Daseinsmetapher*, Frankfurt am Main 1979.

Böhme, Gernot u. Hartmut Böhme: *Feuer Wasser Erde Luft. Eine Kulturgeschichte der Elemente*, 3. Aufl., München 2005 (zuerst 1996).

Böhme, Hartmut: „Hamburg und sein Wasser im 18. Jahrhundert", in: Inge Stephan u. Hans Gert Winter (Hrsg.): *Hamburg im Zeitalter der Aufklärung*, Berlin/ Hamburg 1989, S. 57–92.

Böhme, Hartmut: „Die Windrose des Denkens. Himmelsrichtungen und Gegenden in Friedrich Nietzsches Philosophie", in: Steffen Haug u. a. (Hrsg.): *Arbeit am Bild. Ein Album für Michael Diers*, Berlin 2010, S. 17–35.

Böhme, Hartmut u. a. (Hrsg.), *Transformation. Ein Konzept zur Erforschung kulturellen Wandels*, München 2011.

Böhme, Hartmut: „Traditionen und Formen der aquatischen Ästhetik in der Kunst Iwan Aiwasowskis", in: Ingried Brugger u. Lisa Kreil (Hrsg.): *Aiwazowski. Maler des Meeres*, Ausstellungskat., Wien/Ostfildern 2011, S. 15–35.

Böhme, Hartmut: „Das Wissen der Künste", in: Oliver Lubrich u. Thomas Nehrlich (Hrsg.): *Alexander von Humboldt, Sämtliche Schriften*, Berner Ausgabe, Bd. X: Durchquerungen Forschung, München 2019, S. 589–632.

Böhme, Hartmut: „Physiognomie, Gestalt, Ausdruck. Zur ästhetischen Naturwissenschaft bei Alexander von Humboldt und Goethe", in: Frank Fehrenbach u. Matthew Vollgraff (Hrsg.): *Ökologien des Ausdrucks*, Berlin/New York 2022a, S. 179–219.

Böhme, Hartmut: „Natur und Evolution. Zu einer anderen Ökonomie und Ästhetik von Luxus", in: Christine Weder u. a. (Hrsg.): *Auszeiten. Temporale Ökonomien des Luxus in Literatur und Kultur der Moderne*, Berlin/Boston 2022b, S. 145–176.

Carus, Carl Gustav: *Briefe über Landschaftsmalerei. Zuvor ein Brief von Goethe als Einleitung. Faksimiledruck nach der 2. vermehrten Ausgabe von 1835*, Nachwort u. hrsg. v. Dorothea Kuhn, Heidelberg 1972.

Corbin, Alain: *Meereslust. Das Abendland und die Entdeckung der Küste 1750–1840*, Berlin 1990.

Dutton, Denis: *The Art Instinct. Beauty, Pleasure, & Human Evolution*, New York [u. a.] 2009.

Ette, Ottmar: *Weltbewußtsein. Alexander von Humboldt und das unvollendete Projekt einer anderen Moderne*, Weilerswist 2002.

Fehrenbach, Frank u. Matthew Vollgraff (Hrsg.): *Ökologien des Ausdrucks*, Berlin/New York 2022.

Gehring, Petra: „Land und Meer, Land und Luft, Land und Erde: Schmitt und Sloterdijk – mit Husserl gelesen", in: *Phänomenologische Forschungen* (2006), S. 5–20.

Goethe, Johann Wolfgang: *Sämtliche Werke nach Epochen seines Schaffens*, Münchner Ausgabe: Bd. XII: *Zur Naturwissenschaft überhaupt, besonders zur Morphologie*, München 2006 (abgekürzt zitiert als MA XII + Seitenzahl).

Grotius, Hugo: *Mare liberum, sive de iure, quod Batavis competit ad Indicana Commercia, dissertatio.* Lugduni Batavorum (= Leiden) 1618. (Ders.: *Von der Freiheit des Meeres*. Übers. u. mit e. Einleitung von Richard Boschan, Leipzig 1919).

Hegel, Georg Wilhelm Friedrich: „Grundlinien der Philosophie des Rechts", in: ders.: *Werke in zwanzig Bänden*, Bd. 7, Frankfurt am Main 1995.

Guzzoni, Ute: *Das Meer und die Brunnen, die Flüsse und der Regen*, Berlin 2005.

Honold, Alexander: „Ströme, Züge, Richtungen. Wandern und Wanderungen bei Hölderlin", in: Hartmut Böhme (Hrsg.): *Topographien der Literatur. Deutsche Literatur im transnationalen Kontext*, Stuttgart 2005, S. 433–455.

HONOLD, Alexander: „Der Rhein. Poetik des Stroms zwischen Elementarisierung und Domestikation", in: *Anglia. Zeitschrift für Englische Philologie* 126 (2008), Heft 2, S. 330–344.

HÖLDERLIN, Friedrich: *Der Rhein. Sämtliche Werke.* Historisch-kritische Ausgabe hrsg. v. Norbert von Hellingrath, 4 Bde., Berlin 1943, hier: Bd. III, S. 172–180.

HÖNIG, Christian: *Die Lebensfahrt auf dem Meer der Welt. Der Topos. Texte und Interpretationen*, Würzburg 2000.

HUMBOLDT, Alexander von: „Ansichten der Natur [1808, 1826, 1987]", in: ders.: *Studienausgabe*, hrsg. v. Hanno Beck, Bd. V, Darmstadt 1987.

HUMBOLDT, Alexander von: *Kosmos. Entwurf einer physischen Weltbeschreibung*, 5 Bde. Stuttgart 1845–1862.

JUNKER, Ernst Wiegand u. Robert WOLFF: *Der Rhein im Spiegel der Dichtung von Goethe bis George*, Heidelberg 1974.

KAPP, Ernst: *Philosophische oder vergleichende allgemeine Erdkunde: als wissenschaftliche Darstellung der Erdverhältnisse und des Menschenlebens nach ihrem innern Zusammenhang*, 2 Bde., Braunschweig 1845.

KIRÁLY, Edit: *Die Donau ist die Form. Strom-Diskurse in Texten und Bildern des 19. Jahrhunderts*, Wien/Köln/Weimar 2017.

MAGRIS, Claudio: *Die Donau. Biographie eines Flusses*, 2. Aufl., München 1994.

MAYE, Harun u. Leander SCHOLZ (Hrsg.): *Ernst Kapp und die Anthropologie der Medien*, Berlin 2019.

MENNINGHAUS, Winfried: *Das Versprechen der Schönheit*, Frankfurt am Main 2003.

MERTENS, Sabine: *Seesturm und Schiffbruch. Eine motivgeschichtliche Studie*, Hamburg 1987.

MICHELET, Jules: *La Mer* [1861], Vorwort v. Jean Borie, Paris 1983.

PARODI, Oliver: *Technik am Fluss. Philosophische und kulturwissenschaftliche Betrachtungen zum Wasserbau als kulturelle Unternehmung*, München 2008.

PRUM, Richard O.: *The Evolution of Beauty: How Darwin's Forgotten Theory of Mate Choice Shapes the Animal World – and Us*, New York 2018.

REICHHOLF, Josef H.: *Der Ursprung der Schönheit. Darwins Drama*, München 2011.

SCHMITT, Carl: *Land und Meer. Eine weltgeschichtliche Betrachtung*, Köln 1981 (zuerst 1942).

SCHMITT, Carl: *Der Nomos der Erde im Völkerrecht der Jus Publicum Europaeum*, 3. Aufl., Berlin 1988 (zuerst 1950).

SCHOLTZ, Gunter: *Philosophie des Meeres*, Hamburg 2016.

SEIDERER, Ute (Hrsg.): *Panta rhei. Der Fluß und seine Bilder*, Leipzig 1999.

SEIDERER, Ute: *Flusspoeten und Ozeansucher. Konstruktionen von Kultur und Männlichkeit*, Würzburg 2009.

SIEGERT, Bernhard: *Passagiere und Papiere. Schreibakte auf der Schwelle zwischen Spanien und Amerika*, München 2006.

STEINHARDT, Uta, Heiner BARSCH u. Oswald BLUMENSTEIN: *Lehrbuch der Landschaftsökologie*, Heidelberg 2012.

TÜMMERS, Horst Johannes: *Rheinromantik. Romantik und Reisen am Rhein*, Köln 1968.

Kunstwerke

Hogarth's Dream DIEMUT SCHILLING

Sanft schlängelt sich die Skulptur, die den Titel *Hogarth's Dream* trägt, entlang der Seseke. Das Holzelement steht auf einem Deich und lädt dazu ein, am Fluss zu verweilen, der an dieser Stelle schnurgerade an uns vorbeizieht und unseren Blick durch eine vom Menschen gestaltete Landschaft führt. Der Deich, der Radweg und die für agrarische Produktion aufbereiteten Flächen verweisen auf die Einschreibungen des Menschen in die Umgebung. Ihre Ordnung, die von Vertikalen und Horizontalen geprägt ist, kontrastiert mit der geschwungenen, organisch wirkenden Form der Skulptur. Diese dringt in die wohlgeordnete Landschaft und wiederhergestellte Natur ein und erfreut unseren Blick.

Denn folgt man den Thesen William Hogarths (1697–1764), auf die sich sowohl Diemut Schilling als auch Susanne Lorenz in ihren Arbeiten beziehen, so sind es die gewundenen Formen, die besondere Freude bereiten:[1] „[...] wenn der Geist erst einmal davon befriedigt ist, dass die Teile einander mit einer so genauen Gleichförmigkeit entsprechen, [...] dann wird das Auge erfreut sein zu sehen, wie der Gegenstand sich dreht und wendet, so daß diese gleichförmigen Erscheinungen mannigfaltiger werden",[2] heißt es in Hogarths 1753 publiziertem Traktat *The Analysis of Beauty. Written with a view of fixing the fluctuating Ideas of Taste.* Darin unterzieht der Maler die Schönheit einer Formanalyse und versucht, wie er schreibt, „dem wahren Grund ihres Daseins nachzuspüren".[3] In seiner Untersuchung spielen die Wellenlinie und die Schlangenlinie, die als die „Linie der Schönheit" und die „Linie der Grazie" bezeichnet werden, eine zentrale Rolle.[4] Letztere „besitzt die Macht, der Schönheit Grazie in höchstem Maße hinzuzufügen".[5] Seine Argumentation veranschaulicht Hogarth sowohl an den Formen der Natur als auch am menschlichen Körper.[6]

Hogarths Text fällt in eine Zeit, in der sich die geschwungene Linie als Formprinzip in die Künste einschrieb – sichtbar etwa in den anmutigen und grazilen Figuren in Antoine Watteaus (1684–1721) Werken oder in den kunstvoll verzierten Innenräumen des Rokoko, wo sich wellenförmige Strukturen, inspiriert von der Muschelform, ausbreiten.[7] Zu lesen ist das Traktat vor dem Hintergrund der Debatte um die Schönheit, deren Qua-

1 Vgl. HOGARTH 2008, S. 53, S. 60 f.
2 Ebd., S. 53.
3 Ebd., S. 11.
4 Vgl. ebd., S. 76.
5 Ebd.
6 Vgl. ebd., S. 85, S. 96 f.
7 Zur Rocaille siehe BAUER 1962. Zur Rokoko-Ästhetik siehe OSTER 2010, zur Anmut in Watteaus Bildern siehe MOOG-GRÜNEWALD 2020.

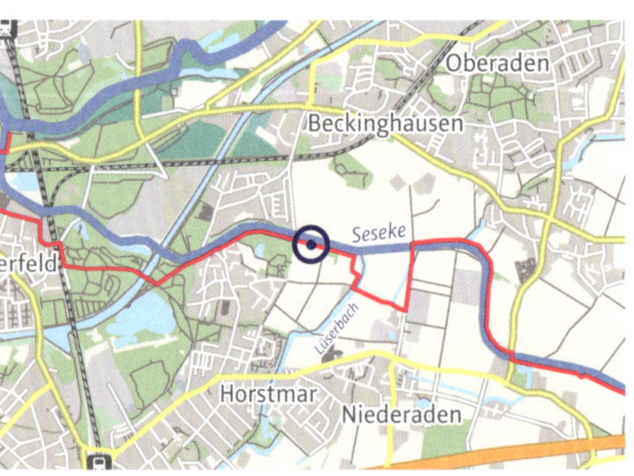

2010, geschwungene Holzskulptur
aus Bilinga und Kambala-Holz
17,50 × 0,65 × 0,55 m
44532 Lünen
B., L.: 51.603222, 7.562127

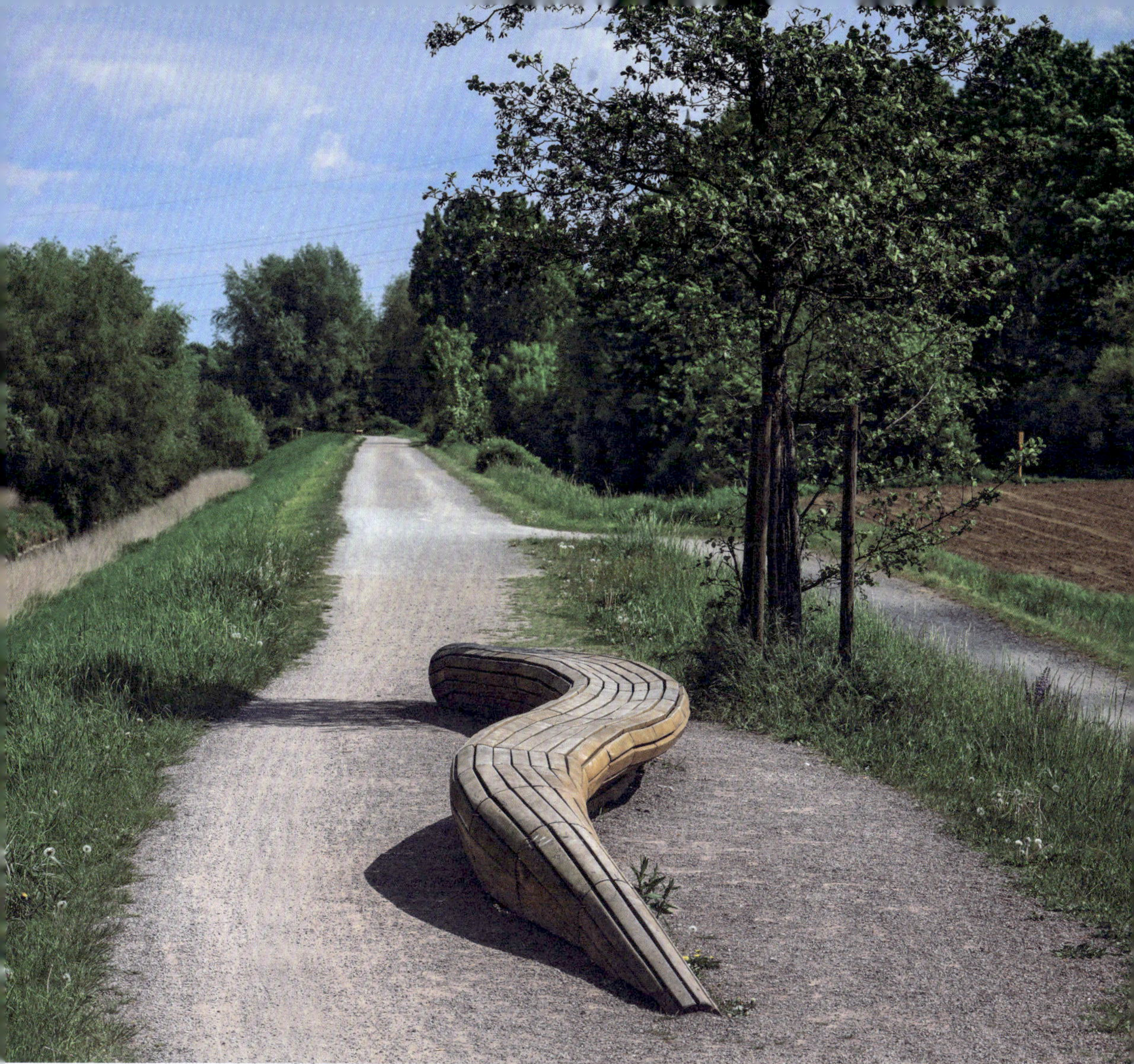

litäten bis ins 18. Jahrhundert von Zahlen, Proportionen und Symmetrie bestimmt waren und rational bewertet wurden.[8] Im Rokoko gewann noch ein weiterer Begriff in Bezug auf das Gelungensein von Werken an Bedeutung: die Grazie.[9] Die Grazie lässt sich jedoch nicht objektiv erfassen, sondern dient vielmehr der Steigerung der Schönheit.[10] In Hogarths Analyse wird sie zum grundlegenden Element eines vollkommenen Kunstwerks.

An die Seseke gesetzt, lässt uns die graziöse Bewegung der Skulptur an die vermeintlich natürliche Form des Flusses denken und an die Schönheit, die wir mit ihr verbinden. Aufgrund der engen Verflechtung von Natur und Kultur[11] ist jedoch, so beschreibt es Gernot Böhme, nicht eindeutig, was Natur überhaupt ist.[12] Sie erweist sich als ein Konstrukt – ebenso wie die Schönheit, wie wir Hogarths Traktat entnehmen können.

A. S.

8   Vgl. Moog-Grünewald 2020, S. 86 ff. Zur Schönheitstheorie siehe Hauskeller 1999, G. Böhme 2011.
9   Vgl. Moog-Grünewald 2020, S. 86–89.
10   Vgl. ebd., S. 89.
11   Vgl. G. Böhme 1992, S. 9–25.
12   Vgl. ebd., S. 15.

Landschaft im Fluss

Thomas Stricker

2 Der Mensch, so formuliert es Gernot Böhme, stellt innerhalb der Landschaft einen „Wirkfaktor"[1] dar. Er gräbt um, forstet auf und forstet ab, ebnet ein, höhlt aus, bewässert, begrünt und begradigt. Die uns umgebende Natur präsentiert sich als ein künstlich hergerichtetes Landschaftsstück, das immer wieder umgeformt wird, sowohl auf zerstörerische als auch auf reproduzierende Weise,[2] wenn durch Industrie entstellte Areale wieder naturnah gestaltet[3] und damit in eine „humane Umwelt"[4] transformiert werden. Das Seseke-Flusssystem lässt sich hier als Beispiel für eine Natur lesen, die durch Menschenhand modelliert wurde. Diese Landschaften sind, in Albrecht Koschorkes Worten, von einem „Zuwachs an Kultur" und einer „Abnahme von Natur" geprägt. Koschorke spricht von einer „zweiten Natur", die aus einer „kulturelle[n] und technische[n] Bearbeitung" hervorgeht.[5] Diese Vorstellung korrespondiert mit der Definition, wie sie in der aktuellen Forschung verwendet wird. Dort werden Landschaften als „ein System menschengemachter Räume auf der Erdoberfläche"[6] beschrieben.

In der Arbeit *Landschaft im Fluss*, in der Thomas Stricker dem Oszillieren der Seseke zwischen ursprünglicher und künstlich hergestellter Natur nachgeht, wird dieses Verständnis von Landschaft eingehend

1   G. Böhme 2021.
2   Vgl. Krüger 2016, S. 39.
3   Vgl. H. Böhme 1991, S. 15.
4   G. Böhme 2021.
5   Koschorke 2010, S. 170.
6   Jackson 2005, S. 43. Vgl. dazu Ender u. a. 2017, S. 13.
7   Vgl. dazu die Ausführungen in von Brevern 2024, S. 12–18, S. 44 f. u. G. Böhme 1992.

Thomas Stricker: *Landschaft im Fluss* (2010, Bergkamen), 2010

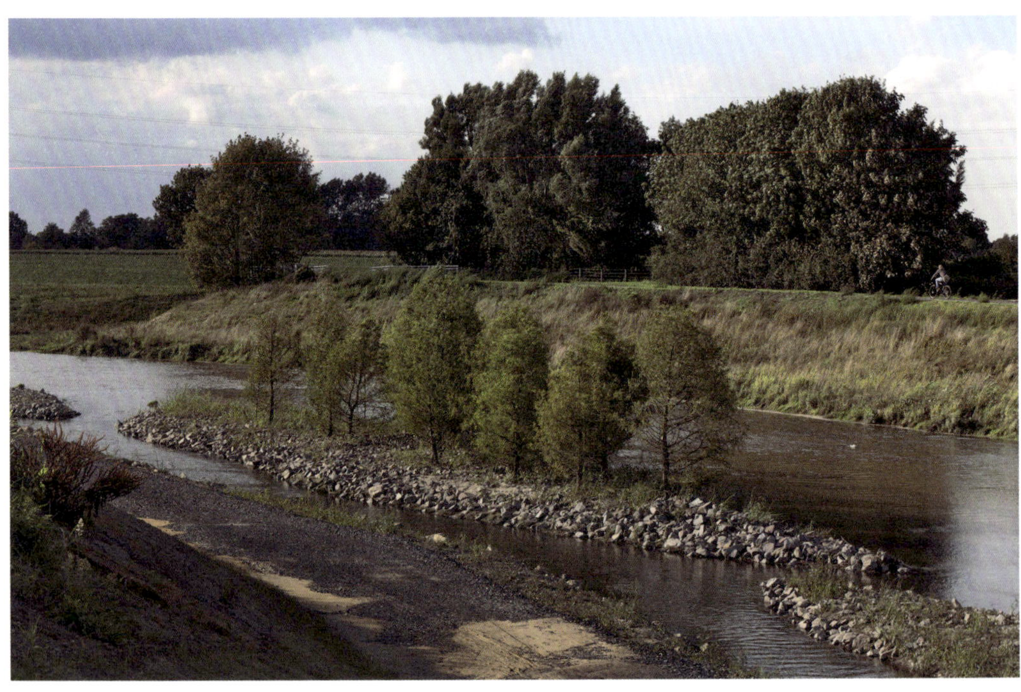

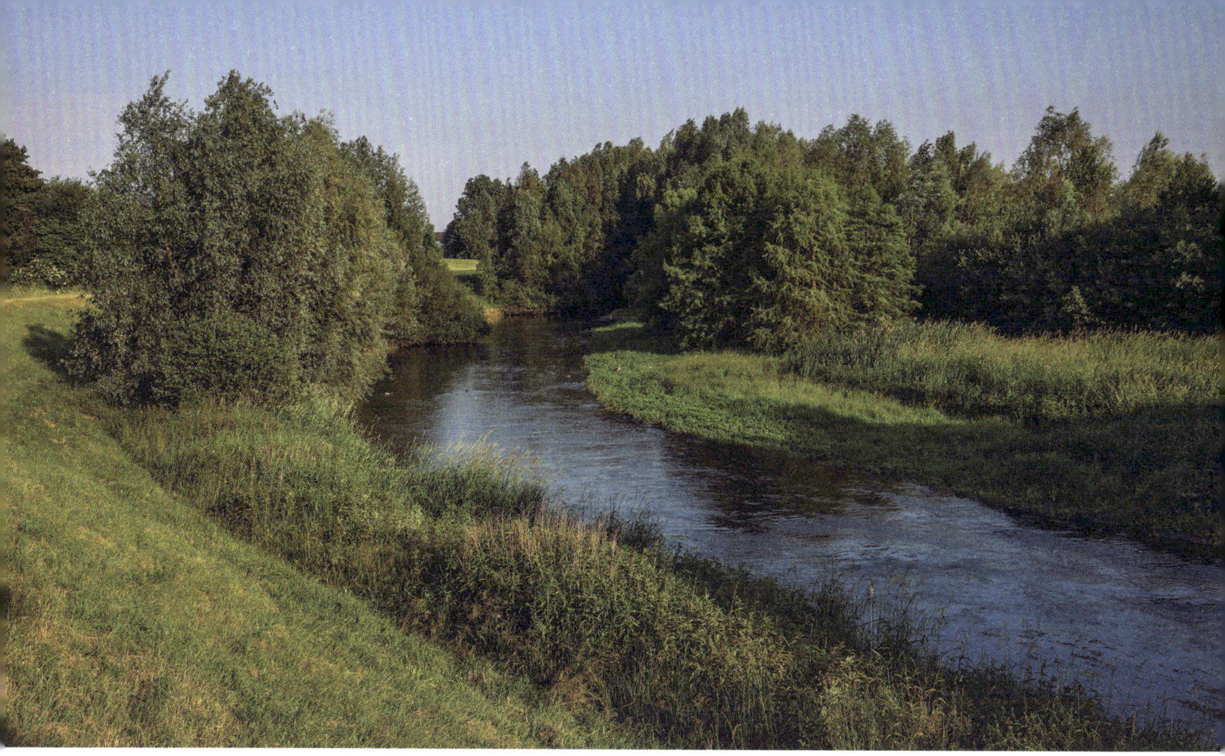

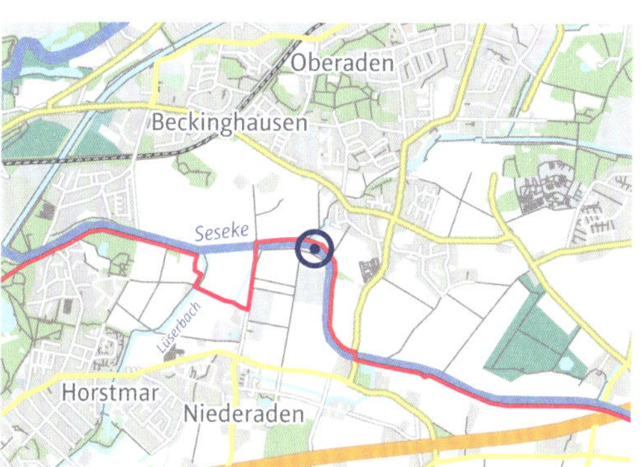

Thomas Stricker: *Landschaft im Fluss* (2010, Bergkamen), 2023

verhandelt. Mitten im Fluss in Bergkamen hat der Künstler drei aus Sand und Kies bestehende Inseln anlegen lassen und diese mit Schachtelhalm und Sumpfzypressen bepflanzt. Es handelt sich dabei um uralte Pflanzen, die bereits vor Millionen Jahren in Deutschland heimisch waren. Ihre Verwendung rekurriert auf den vermeintlich ursprünglichen Zustand der Seseke vor der Industrialisierung. Künstlich gesetzt, stellen sie jedoch lediglich die Idee einer Urform dar und verweisen darauf, dass das Nachzeichnen eines Ausgangszustands nicht möglich ist. Die ineinanderfließenden Ge-

wässerstrukturen führen dies plastisch vor Augen: Im Laufe der Jahre hat sich aus den kleinen Inseln ein Areal entwickelt, das sich mit der umgebenden, ebenfalls künstlich erschaffenen Natur verbunden hat.

Strickers Arbeit verdeutlicht, dass das sogenannte Natürliche, wie es in Form naturnah gestalteter Landschaften vorkommt, höchst artifiziell ist. Es präsentiert letztlich ein fiktives Moment, das aus unserem Wunsch erwächst, einer unberührten Natur nahe zu sein.[7]

A. S.

2010, 20 Sumpfzypressen (Taxodium distichum) mit Höhen von 2 bis 6 m aus der Baumschule, Pflanzung und Ansaat von Schachtelhalm (Equisetum fluviatile) 5 Stück/m² für insgesamt 408 m².
3 künstlich gebaute Inseln mit den Längen 34,5 m, 55 m, 38 m und Breiten bis zu 10 m, aus dem bestehenden Bodenmaterial der südlichen Verlandungszone herausgearbeitet, die bis max. ca. 50 cm über Normalwasserstand herausragen
59192 Bergkamen
B., L.: 51.602739, 7.580109

Line of Beauty – das fünfte Klärwerk

Susanne Lorenz

3 An einer Stelle in Bergkamen weist der Radweg entlang der Seseke einen kurvigen Verlauf auf, der sich in dem Gewässer wiederholt – allerdings nicht in seiner Struktur, denn diese ist nach der Begradigung im Jahr 1920 an diesem Abschnitt schnurgerade –, sondern in der s-förmigen Holzkonstruktion, die Susanne Lorenz im Fluss installieren ließ. Im Grund befestigte Hölzer ahmen den Verlauf der Seseke vor der Industrialisierung nach, als sich das Gewässer noch durch eine dünn besiedelte und überwiegend agrarisch geprägte Landschaft schlängelte. Die Bedeutung der Arbeit erschöpft sich jedoch nicht im Nachzeichnen des historischen Flussverlaufs. In Zusammenarbeit mit dem Biologen Stephan Pflugmacher hat die Künstlerin das Holzsegment mit Wasserpflanzen besetzt, die die Seseke auf natürliche Weise klären. Das Werk soll, wie der Titel andeutet, die vier Kläranlagen des Lippeverbands im Einzugsgebiet der Seseke unterstützen.[1]

Susanne Lorenz verschränkt in ihrer Arbeit Wissenschaft, Natur und Kunst und knüpft damit an eine Verbindung an, die bis zur Frühen Neuzeit relevant war, jedoch im Zuge der Aufklärung an Bedeutung verlor.[2] Waren die Grenzen zwischen Kunst und Wissenschaft vorher fließend – die Verfahrensweisen befruchteten sich gegenseitig, man denke nur an Leonardo da Vinci (1452–1519)[3] –, so vollzog sich im 19. Jahrhundert mit der Objektivierung und der Technisierung der Wissenschaften eine Spaltung.[4] Fortan galt der künstlerische Ansatz als subjektiv gefärbt, während sich die Wissenschaften als logisch und rational vorgehend sahen.[5] Dass beide Bereiche dennoch in engem Austausch stehen, zeigt sich einerseits in den wissenschaftlichen Visualisierungsverfahren, deren abstrakte Anmutung mit künstlerischen Praktiken vergleichbar ist,[6] und andererseits im Interesse der Künstlerinnen und Künstler, in ihren Arbeiten wissenschaftliche Themen zu verhandeln.[7]

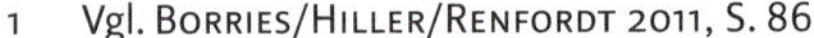

1   Vgl. Borries/Hiller/Renfordt 2011, S. 86.
2   Vgl. Mersch/Ott 2007, S. 15.
3   Vgl. ebd., S. 9 f.; vgl. auch Daston 2011, S. 171 f.
4   Vgl. Mersch/Ott 2007, S. 15–22. Zur Objektivität in den Wissenschaften siehe Daston/Galison 2024.
5   Vgl. Mersch/Ott 2007, S. 15 f.
6   Vgl. ebd., S. 22.
7   Vgl. Borries/Hiller/Renfordt 2011, S. 5.
8   Vgl. Gelshorn 2008, S. 489 f.
9   Vgl. Borries/Hiller/Renfordt 2011, S. 87.
10 Vgl. ebd.

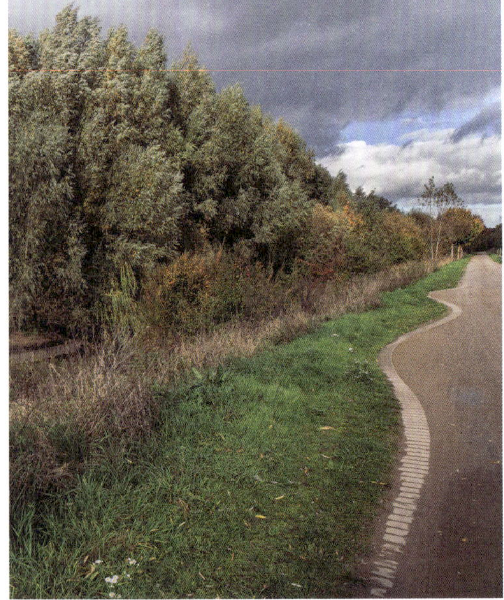

Susanne Lorenz: *Line of beauty – das fünfte Klärwerk* (2010, Bergkamen), 2022

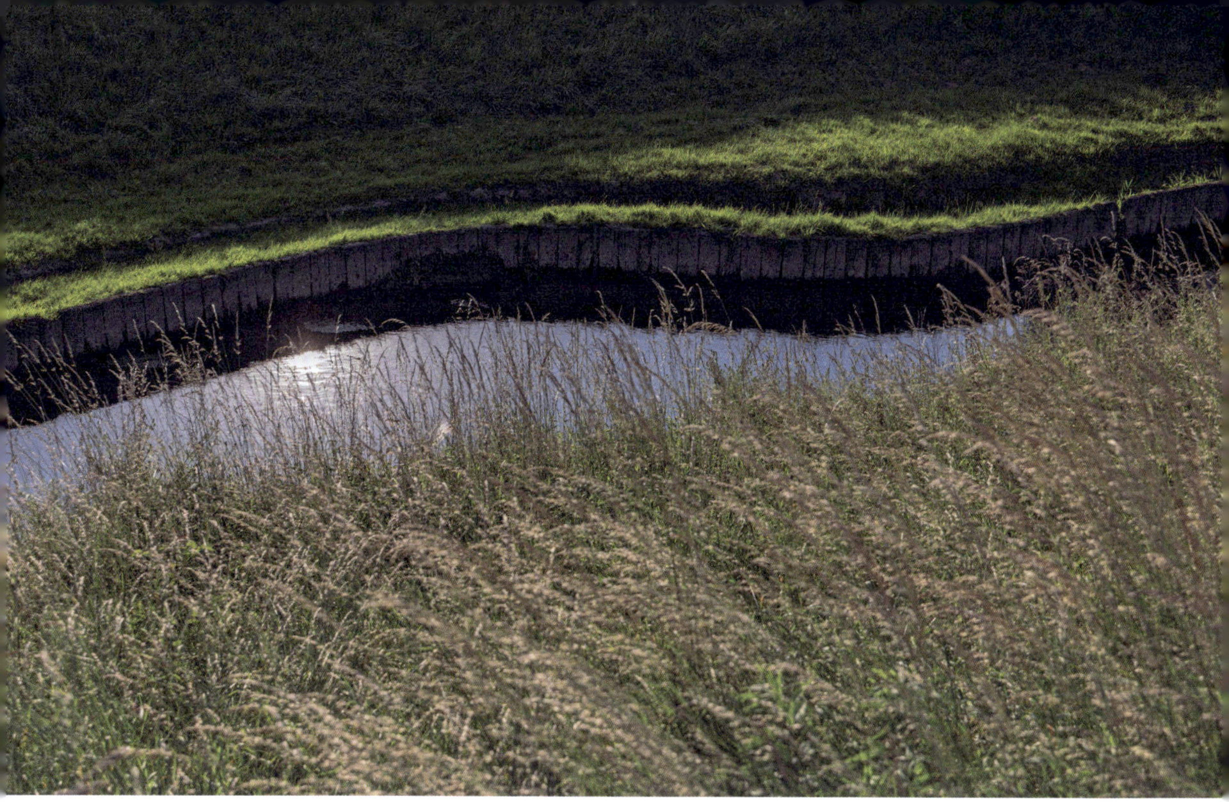

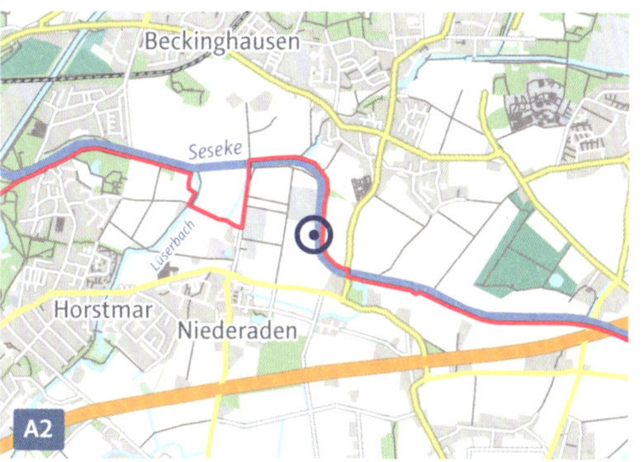

Susanne Lorenz: *Line of beauty – das fünfte Klärwerk*
(2010, Bergkamen), 2022

Susanne Lorenz' *Line of Beauty – das fünfte Klärwerk* kann hierfür als Beispiel herangezogen werden. In der Arbeit vermischen sich künstlerische und wissenschaftliche Annäherungen an die Seseke – ein Zusammenspiel, das sich auch im Titel widerspiegelt. Während *das fünfte Klärwerk* auf das Experiment der Wasserbehandlung durch Pflanzen verweist, spielt *Line of Beauty* auf William Hogarths (1697–1764) kunsttheoretische Auseinandersetzungen mit Schönheit und Anmut an, die der englische Maler und Grafiker objektiv zu erfassen versuchte, um eine Formel für ein ästhetisch gelungenes Werk zu entwickeln.[8] Aus Hogarths Traktat geht hervor, dass Schönheit konstruierbar ist.[9] In Lorenz' Arbeit, in der sich der gewundene und gerade Verlauf der Seseke überlagern, findet diese Idee ihren Widerhall.[10]

A.S.

2010, zweiteilige Arbeit:
Line of Beauty im Wasser: Holzpfähle,
div. Pflanzen zur Wasserreinigung
Line of Beauty an Land: Fahrradweg
aus Tenne
Jeweils 39 m lang, 1,5 m breit
59192 Bergkamen
B., L.: 51.598359, 7.581679

JETZT und der Fluss

CHRISTIAN HASUCHA

4 Monumental erhebt sich die aus Steingabionen bestehende Skulptur *JETZT und der Fluss* in die Höhe und schiebt sich auf den ersten Blick als ein Hindernis zwischen uns und die Natur. Doch was aus der Entfernung massiv und undurchdringlich erscheint, entpuppt sich aus der Nähe als ein luftig anmutendes Gebilde. Denn aus der Konstruktion wurde das Schriftwort „JETZT" ausgespart. Die Leerstelle öffnet den Blick auf die dahinterliegende Landschaft und rückt mit dem Wort zugleich den gegenwärtigen Moment sowie seine Flüchtigkeit in den Vordergrund – das Bild, das die Aussparung zu sehen gibt – der fließende Fluss –, unterliegt, wie unsere Gegenwart, stetem Wandel.

In *JETZT und der Fluss* wird eine Reflexion über die Zeit mit einem Nachdenken über die Seseke verbunden, deren Fließen und Veränderung zu der massiven und beständig wirkenden Skulptur im Kontrast stehen, jedoch in dem Wort JETZT aufgegriffen werden.

Die Arbeit ist von einer Spannung durchzogen, die für Christian Hasuchas Werke charakteristisch ist. Sie stellen Interventionen dar, die als Störmomente in den öffentlichen Raum eingreifen und uns diesen neu wahrnehmen lassen. In Paderborn hat der Künstler beispielsweise ein Bäumchen in eine Schablone gepflanzt (*später sein wird*, 2012), die dem Apfelbaum im Garten seiner Eltern gleicht, und damit die Form des bereits voll entfalteten Gewächses vorweggegriffen. In Berlin-Neukölln entstand in drei Metern Höhe über der Straße eine grüne Insel (*Die Insel*, 2006), die auf dem gepflasterten Platz als grüne Oase erscheint und zum Verweilen einlädt. Auch bei *JETZT und der Fluss* handelt es sich um eine intervenierende Kunst, die nicht nur den Standort verändert, sondern auch unsere Wahrnehmung für unsere Umgebung und für die Flüchtigkeit des Augenblicks schärft.

A. S.

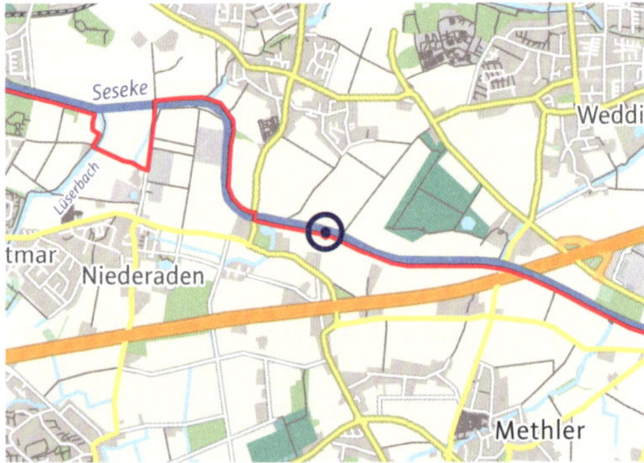

2010, Gabionenwand mit Ausschnitten, übereinander montierte Drahtkörbe mit Steinen befüllt, Stahlträger-Tragwerk
12 m lang, 3,5 m hoch
59174 Kamen
B., L.: 51.58884, 7.623026

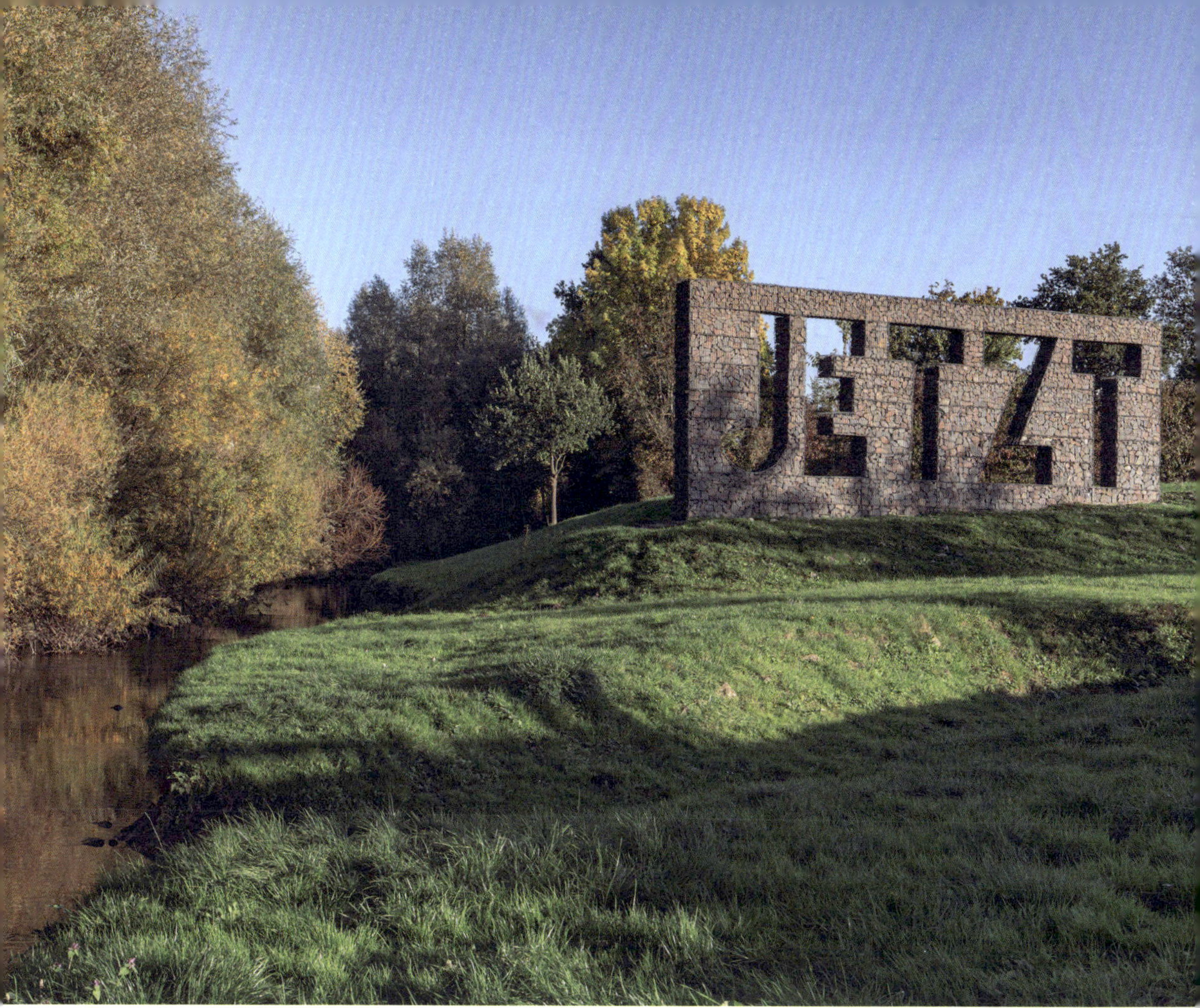

CHRISTIAN HASUCHA: *JETZT und der Fluss* (2010, Kamen), 2022

Pixelröhre

5 Die Industrialisierung hat sich tief in die Landschaft der Seseke-Region eingeschrieben. Ihre Spuren sind immer noch wahrnehmbar, verblassen jedoch zunehmend. Die einst begradigten Gewässer fließen heute teilweise wieder mäandernd, Flora und Fauna sind mittlerweile an die Ufer zurückgekehrt. Die neu entstandenen Auenlandschaften mit ihren Weiden und Erlen muten malerisch an und lassen uns die Ausbeutung der Natur vergessen. Die Herstellung des naturnahen Zustands durch den Lippeverband hat mehrere Jahrzehnte gedauert und konnte angestoßen werden, weil mit dem Rückzug des Bergbaus ein unterirdisches Kanalsystem gebaut werden konnte.

Das Bildhauerduo Winter/Hoerbelt (Wolfgang Winter und Berthold Hörbelt) greift in seiner Arbeit *Pixelröhre*, die an der Mündung der Körne platziert wurde, die Form des Kanalrohrs auf. Jedoch wurde das Element mit einer hochpolierten Hülle aus speziell gefaltetem Edelstahl versehen, die eine rasterartige, gleichsam gepixelte Struktur entstehen lässt. Die Röhre – ein alltäglicher Gegenstand aus dem Bauwesen –

wirkt hier durch ihre silbern glänzende Verkleidung höchst artifiziell. Trotz ihrer Monumentalität scheint sie mit der Umgebung zu verschmelzen und sich in ein unsichtbares, abstraktes Gebilde zu verwandeln.[1]

Die Oberfläche bringt Technik und Natur zusammen. Der Mensch ist Teil dieser Verbindung, können wir uns doch ebenfalls in dem Objekt spiegeln. *Pixelröhre* stellt diese Verflechtung facettenreich dar: Die Raster lösen die Umgebung auf, verleihen dem Gesehenen kaleidoskopartige Züge und präsentieren die Seseke-Landschaft auf ungewohnte Weise.

Für den Kunsthistoriker Gustav Friedrich Hartlaub (1884–1963) ist die Erweiterung des Auges eine wesentliche Funktion des Spiegels. Der Spiegel dient uns als „optische[s] Hilfsinstrument",[2] um unser Sichtfeld zu vergrößern. Was jedoch viel wichtiger ist: Die Spiegelung ist, so Hartlaub, „das Mittel, welches die Natur dem Menschen bereitgestellt hat, um ihm die Selbstbegegnung zu

---

1 Zur Unsichtbarkeit des Spiegels siehe KACUNKO 2010, S. 15 f.
2 HARTLAUB 1951, S. 16.
3 Ebd., S. 17.

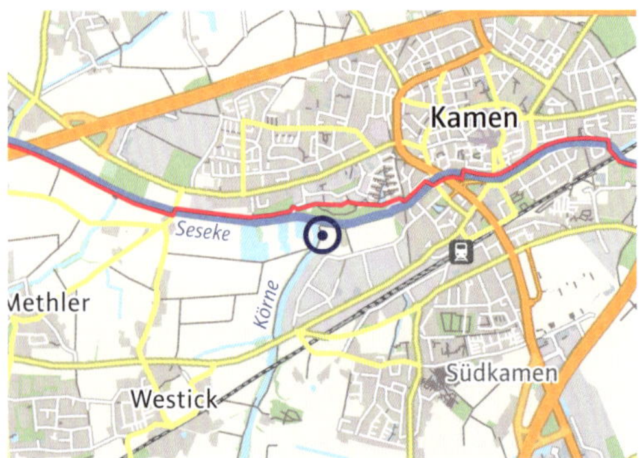

2010, Edelstahl 3D-Blech, gefaltet, gebogen,
Kern: Betonröhre
Durchmesser: ca. 3 m, ca. 3 m lang
59174 Kamen
B., L.: 51.586755, 7.644927

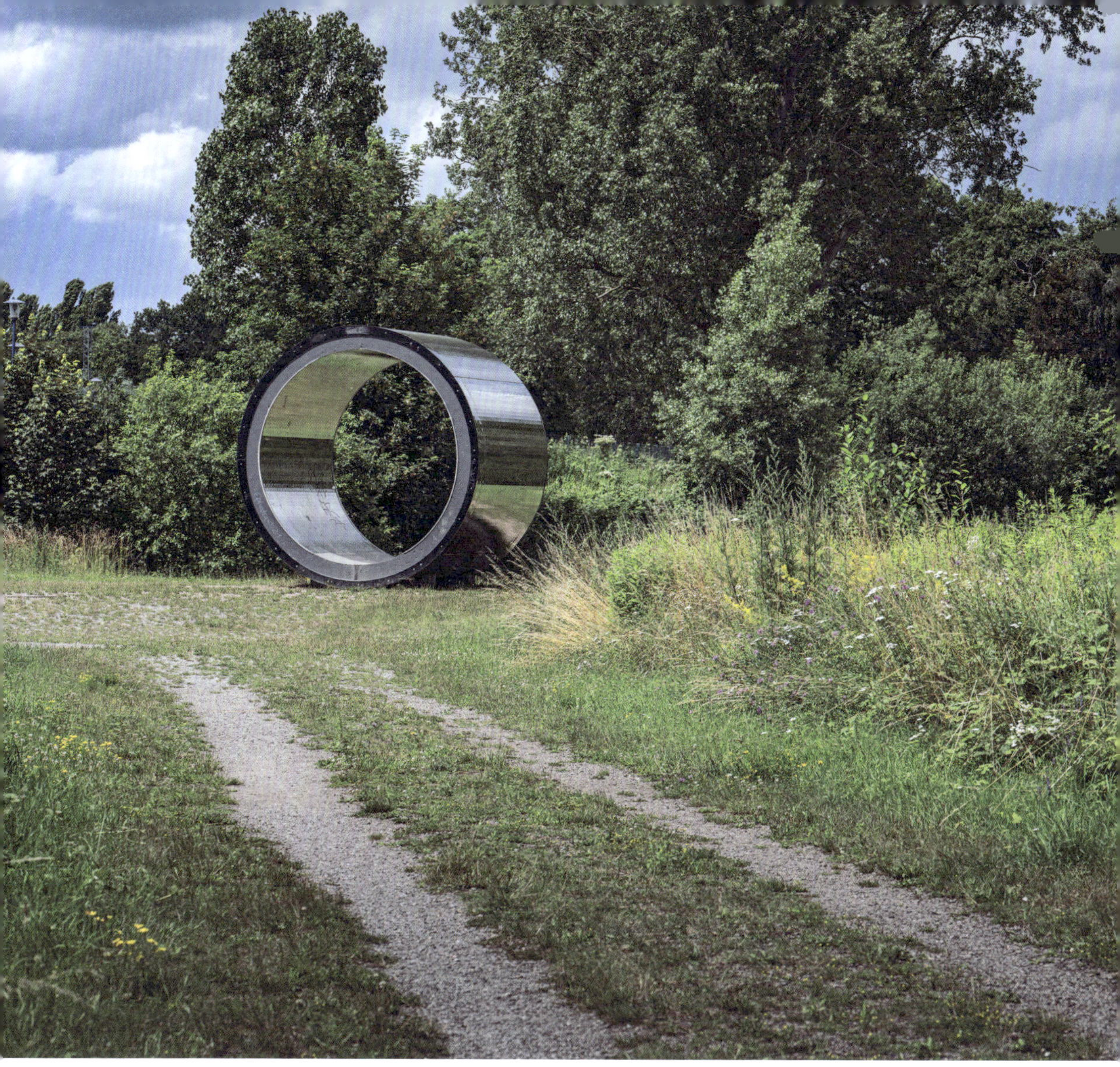

ermöglichen".[3] Beide Aspekte sind für *Pixel-röhre* zentral: Die schillernde Struktur eröffnet uns eine andere Sicht auf die uns umgebende Landschaft und bietet uns zugleich an, uns in dieser selbst zu erkennen und zu verorten.

A. S.

Der wachsende Steg im Lehr- und Forschungspark

Bureau Baubotanik

Der wachsende Steg ist ein lebendiges Bauwerk, das 2014 als Langzeitprojekt entstand. Es handelt sich um eine baubotanische Konstruktion, bestehend aus eigens für das Vorhaben gepflanzten Roteichen (*Quercus rubra*) und einem 18 Meter langen Steg. Solange die Bäume noch nicht stark genug mit dem Steg verwachsen sind, wird dieser von temporären Stahlstützen getragen. Diese außergewöhnliche Installation war von Beginn an begehbar und führt durch die Baumkronen bis zu einer Stieleiche, an deren Stamm die Kanzel des Steges aufgehängt ist. Von dort oben können wir auf den Seseke-Radweg blicken und zwischen den Baumkronen einen Moment der Ruhe erleben. In der angrenzenden baubotanischen Versuchsanlage wird untersucht, inwiefern sich auch andere Baumarten für ähnliche Bauprojekte eignen könnten. Die wissenschaftliche Begleitung und Pflege des Experiments erfolgt durch den verantwortlichen Baumsachverständigen und Tree-Engineer Martin Zeller vom Baumzentrum Kaiserstuhl.

Konzipiert wurde das Projekt vom Stuttgarter Bureau Baubotanik, das sich in seiner Arbeit der „Integration der Lebensprozesse unserer pflanzlichen Umwelt in die Architektur"[1] widmet. Hannes Schwertfeger und Oliver Storz gehen seit über 15 Jahren der Frage nach, inwiefern lebende Pflanzen innerhalb der Konstruktionsmethodik eine Rolle spielen können und lassen speziell dafür hergestellte Bauteile aus Stahl langsam in Holzpflanzen einwachsen.[2]

Die Arbeiten des Bureau Baubotanik entstehen in einem langen Prozess, der nicht nur erfahrbar ist, sondern auch die Aufmerksamkeit auf das Wechselverhältnis zwischen Natur, Mensch und Technik lenkt. Zwar wachsen die Konstruktionen von selbst, doch erfordern sie zugleich einen sorgfältigen Umgang und regelmäßige Pflege. Die Fortentwicklung des wachsenden Stegs, den wir in Kamen vorfinden, ist daher von verschiedenen Faktoren abhängig. Das Projekt legt die Verstrickungen offen, die unsere Welt strukturieren und veranschaulicht auf eindrucksvolle Weise die Durchdringung von Natur und Kultur.[3]

A. S.

1 https://www.bureau-baubotanik.de/bureau/allgemein (1.4.2025).
2 Vgl. ebd.
3 Siehe dazu Latour 2017, S. 32–36.

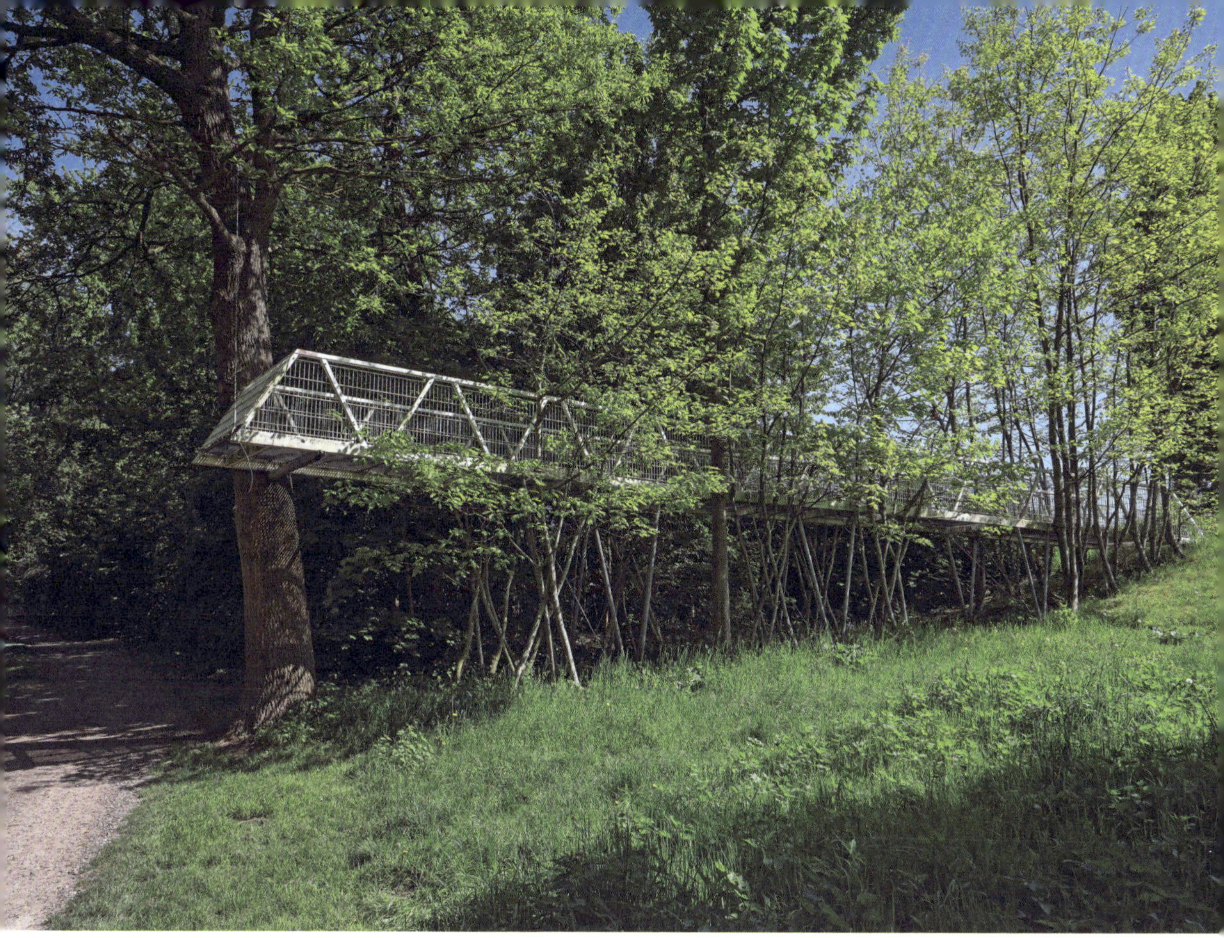

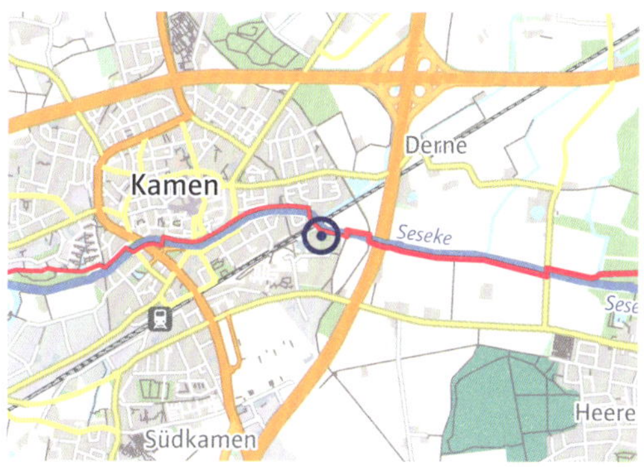

BUREAU BAUBOTANIK: *Der wachsende Steg* (2014, Kamen), 2025

2014, Steg: Stahlkonstruktion, feuerverzinkt, pulverbeschichtet
Stützstruktur: Stahlkonstruktion, feuerver-
zinkt, Schraubfundamente, 60 Rotbuchen
(Quercus rubra)
18 m lang, 1,5 m breit
59174 Kamen
B., L.: 51.5907327, 7.6780988

Here comes the rain again

FOLKE KÖBBERLING
MARTIN KALTWASSER

7 Subtil fügen sich die drei von Folke Köbberling und Martin Kaltwasser († 2022) konzipierten Häuserskulpturen in die Seseke-Landschaft ein. Sie sind in Weiß gehalten und im Maßstab 1:10 gefertigt. Es handelt sich dabei um Modelle, die verschiedene Baustile des 20. Jahrhunderts aufgreifen. Unmittelbar am Radweg stoßen wir unter anderem auf ein Meisterhaus von Walter Gropius (1883–1969). Die Meisterhäuser entstanden 1925/26 nach den Entwürfen des Bauhaus-Gründers in der Nähe der berühmten Kunstschule und wurden unter anderem von László Moholy-Nagy (1895–1946) und Wassily Kandinsky (1866–1944) bewohnt. Die nach einem Baukastenprinzip konstruierten Gebäude muten abstrakt an: Ihre Gestalt ist von ineinandergeschobenen Kuben und Glasbändern geprägt, die eine Verbindung zur Umgebung schaffen.[1] Mit ihren klaren und reduzierten Formen stellen Gropius' Meisterhäuser eine Abkehr von älteren Baustilen dar, die auf historische Strömungen wie die Gotik oder den Barock rekurrieren. Als Orientierung diente stattdessen Frank Lloyd Wrights (1867–1959) Konzept, das zurückhaltend gestaltete Wände, eine Neuorganisation der Wohnräume und eine Öffnung der Gebäude nach außen hin vorsah.[2]

Diese Form der Gestaltung fand auch Eingang in die Arbeiten des deutsch-amerikanischen Architekten Ludwig Mies van der Rohe (1886–1969), dessen Farnsworth House (gebaut 1950/51) ebenfalls als Modell an der Seseke vorzufinden ist. Das Landhaus, das südlich der Stadt Plano in Illinois im Auftrag von Dr. Edith Farnsworth (1903–1977) entstand, zählt zu den ikonischen Bauwerken des 20. Jahrhunderts.[3] Es zeichnet sich durch den für Mies' Bauten charakteristischen Minimalismus aus. Der Aufbau der Architektur ist reduziert, Trennwände kommen nicht vor, und statt einer massiven Steinfassade wird das Haus in Glas gehüllt, was ihm Transparenz verleiht[4] und den Blick in die Natur ermöglicht.[5]

Das dritte Modell des Ensembles stellt ein Einfamilienhaus dar, wie man es aus unserer heutigen Zeit kennt. Die Durchlässigkeit zum Außenraum und die Öffnung zur Natur sind zurückgenommen. Die Transparenz ist der Opazität gewichen, wodurch sich im Vergleich zu den Glasbauten das Verhältnis zur Umgebung verändert.

Folke Köbberling und Martin Kaltwasser setzen sich in ihren Arbeiten immer wieder mit dem urbanen Raum und den Zusammenhängen auseinander, die sich darin entfalten. In ortsspezifischen Interventionen legen sie

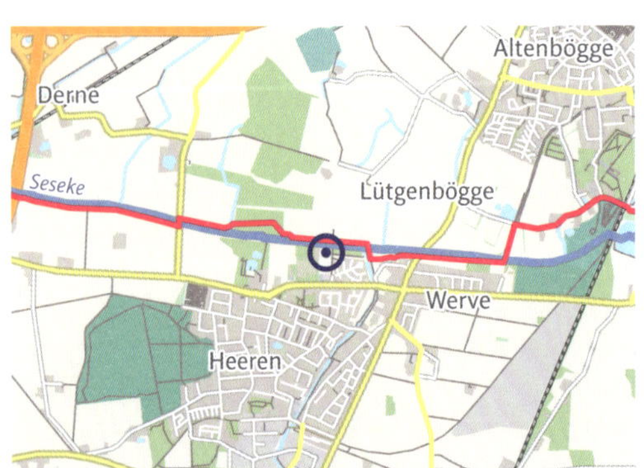

2013, Beton, Stahl, Plexiglas
Farnsworth House 3,15 × 1,90 × 0,45 m
Meisterhaus 2,10 × 1,38 × 0,87 m
WeberHaus 1,66 × 1,48 × 0,76 m
59174 Kamen
B., L.: 51.586603, 7.718453

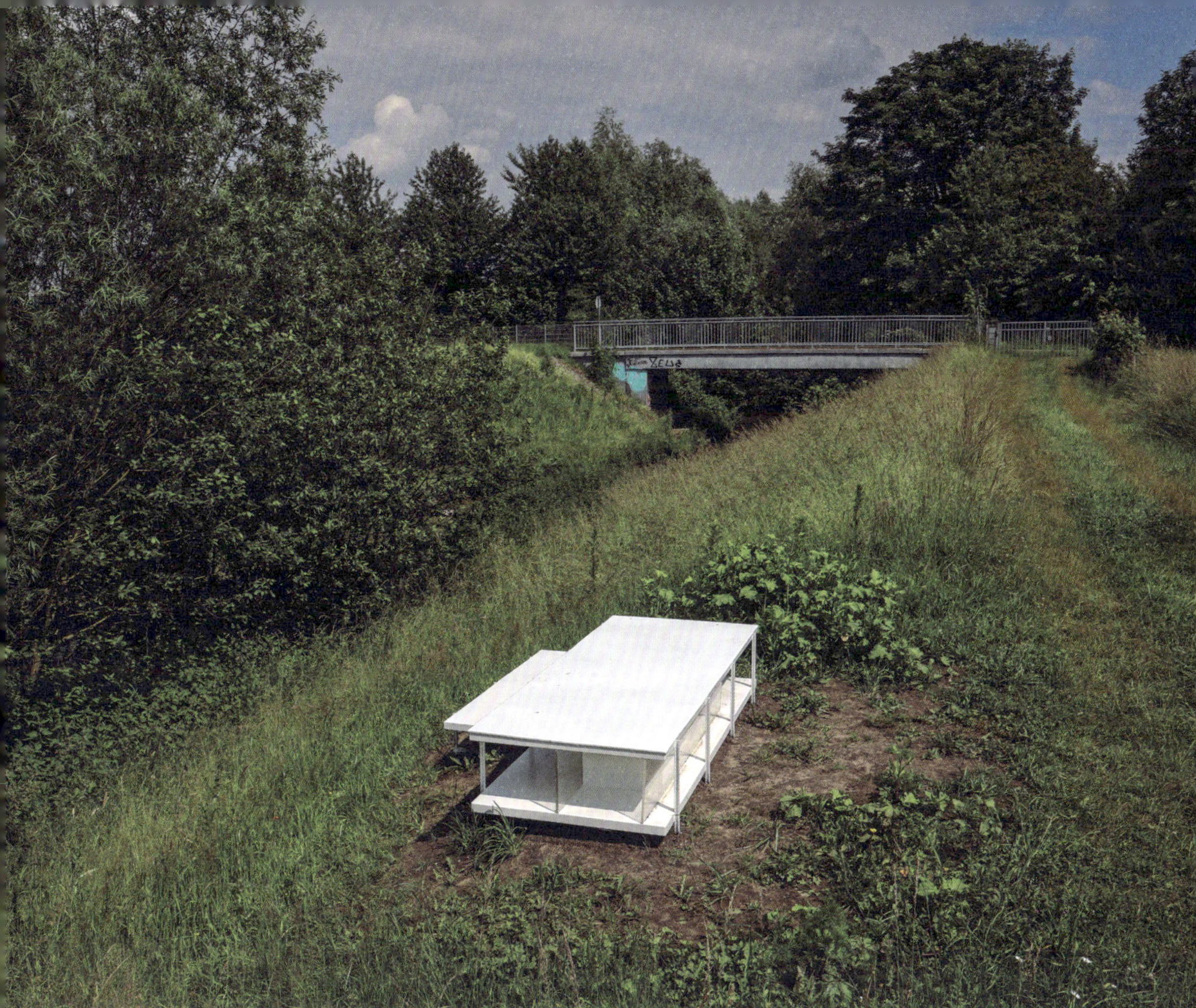

Folke Köbberling/Martin Kaltwasser:
Here comes the rain again (2013, Kamen), 2023

die Bedeutung der städtischen Strukturen für die Gesellschaft frei und präsentieren Alternativen, die unsere Vorstellungen von gebauter Umwelt hinterfragen.[6] Dass diese – wie auch unser Verhältnis zur Natur – einem ständigen Wandel unterliegen, lässt sich an *Here comes the rain again* aufzeigen, das architektonische Idealvorstellungen des 20. Jahrhunderts zueinander in Bezug setzt und mit dem Seseke-Umbau kurzschließt. Allen drei

Gebäuden ist ihre Nähe zum Fluss gemein. Am mittlerweile naturnah gestalteten Ufer platziert, befinden sie sich in einer attraktiven Umgebung, die ein Wohnen am Wasser und in der Natur ermöglicht. Die Idylle kann jedoch in jedem Moment kippen, denn neben den kleinen Häusern erscheint die Seseke wie ein großer Fluss, dessen Hochwasser die Modelle mitreißen oder beschmutzt zurücklassen könnte. Die Arbeit durchkreuzt unsere Vorstellung von einer idyllischen Natur, in der wir uns unbesorgt einrichten können, und lenkt stattdessen den Blick auf die Fragilität unserer Natur- und Lebensräume im Kontext des Klimawandels.

A. S.

1 Vgl. https://bauhaus-dessau.de/orte/meisterhaeuser/ (1.2.2025)
2 Vgl. Huse 2008, S. 23 f.
3 Vgl. Fischer 2013, S. 139.
4 Vgl. ebd.
5 Vgl. ebd., S. 154.
6 Vgl. Hauser 2025.

Bogomir Ecker

Abnehmende Aussicht

8 Radelt man von Bönen nach Kamen und passiert den Rexebach, der in Bönen in die Seseke fließt, so wird man mit einer ungewöhnlichen Situation konfrontiert: Fünf Laternen stehen in einem Abstand von jeweils neun Metern am Wegesrand, doch ihre Leuchten richten sich nicht auf den Weg, sondern auf das Gewässer, das durch das Licht in den Fokus gerückt wird. An jedem Laternenmast ist zudem ein kameraähnliches Gehäuse in einem auffälligen Rotton angebracht, das auf den ersten Blick den Eindruck erweckt, der Bach werde überwacht. Bei genauerer Betrachtung erkennt man allerdings, dass es sich lediglich um Attrappen handelt.

Tatsächlich wurde an diesem Standort gefilmt, jedoch aus einer anderen Perspektive: Auf der nahe gelegenen Brücke war drei Monate lang, während RUHR.2010 anlässlich des Europäischen Kulturhauptstadtjahrs, eine Kamera installiert, die das Szenario aufnahm und das Material in Echtzeit ins Internet übertrug. Bogomir Ecker durchsetzte diese realen Bilder mit manipulierten Sequenzen und schuf auf diese Weise eine Fiktion, die die Frage nach der Bedeutung von Bildern für die Entstehung und Wahrnehmung der Realität aufwirft. Bilder, so formuliert es der Kunsthistoriker und Philosoph Gottfried Boehm, sind „eine Macht, imstande, unsere Zugänge zur Welt vorzuentwerfen und damit zu entscheiden, wie wir sie sehen, schließlich: was die Welt ‚ist'".[1] Eckers Arbeit *Abnehmende Aussicht* setzt sich mit dieser Vorstellung auseinander und reflektiert die Rolle der Bilder in der „Welt*erzeugung*"[2] vor dem Hintergrund einer Landschaft, die ebenfalls von Künstlichkeit gezeichnet ist. Nach drei Monaten wurde die Echtzeitkamera an der Brücke wieder abgebaut. Die Laternen und die roten Objekte können jedoch weiterhin an dem Bach besichtigt werden. In acht Jahren, also 2033, sollen auch die Kameraattrappen abmontiert werden. Was bleibt, sind die Laternen, die mit ihrem Licht das Gewässer auch zukünftig in Szene setzen.

A.S.

1 Boehm 2010, S. 14.
2 W. J. T. Mitchell konstatiert, dass Bilder uns einen „Zugang zu den Dingen" bieten. Sie sind, wie er schreibt, „Weisen der Welt*erzeugung*, nicht bloß Spiegelungen der Welt". Mitchell 2008, S. 13.

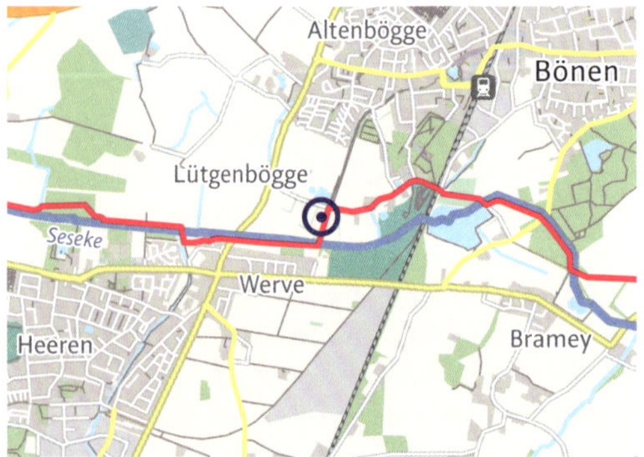

2010, 5 Elemente aus Stahl (Laternen), Kameraattrappen aus Metall, rot lackiert, Gesamtlänge 36 m
59199 Bönen
B., L.: 51.587504, 7.739204

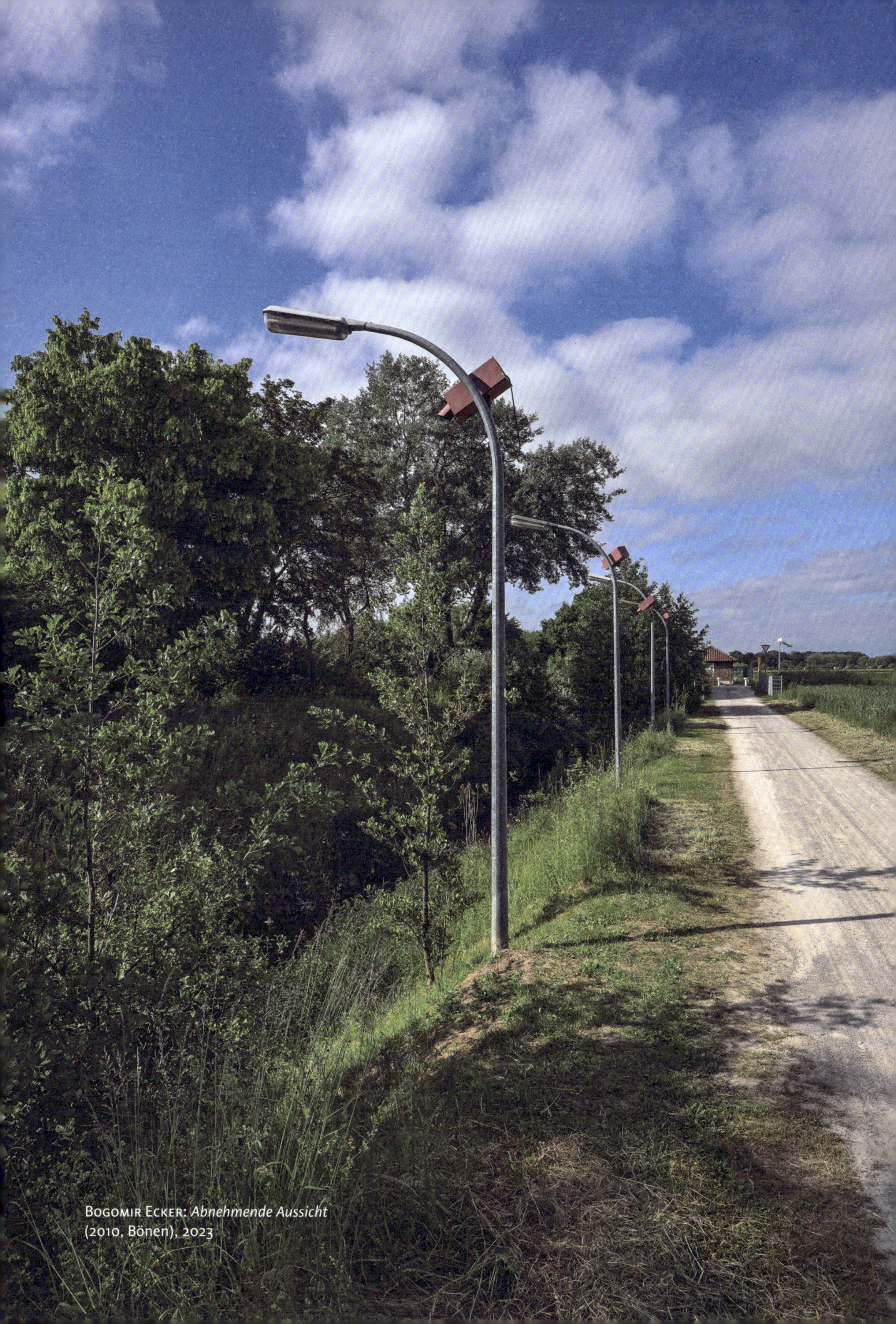

Bogomir Ecker: *Abnehmende Aussicht*
(2010, Bönen), 2023

Flussfragmente

Marion Poschmann

Flussfragmente stellt eine poetische Auseinandersetzung mit der Seseke dar. In 25 Oden erkundet Marion Poschmann die Geschichte und Physiognomie des Flusses und verwebt das Nachdenken über den Wandel der Region und menschengemachte Naturräume mit Reflexionen über das Wasser. Die Seseke-Landschaft erscheint in dem Text als vom Menschen berührt: Eingedeichte und begradigte Abschnitte, die das lyrische Ich beschreibt, lenken den Blick auf die Eingriffe in ihre Struktur. Mensch und Natur sind hier, wie auch in den anderen Gedichten und Romanen der Schriftstellerin, in denen Sonnenstrahlen, Pflanzen und Bäume, Winde und Feuer immer wieder die Grenzen zwischen beiden Sphären auflösen,[1] eng miteinander verflochten. Zäune, Rückhaltebecken, Treppen, Kläranlagen, Bergschäden werden nicht als Gegensätze zu Flora und Fauna verhandelt. Sie sind Teil dieser von unserem Wirken geprägten Landschaft, in der sich Fragen nach einer idealtypischen Natur verdichten.

Renaturierte Areale, in die der Mensch gestalterisch eingreift, verweisen darauf, dass die Vorstellung von Natur immer auch ein kulturelles Konstrukt ist. Marion Poschmann reflektiert diesen Gedanken: „Woher kommt dieser Eindruck von gelungener Landschaft?", heißt es in einer der Oden. Dass auch die Dichtung einen wesentlichen Anteil an der Genese von Naturbildern hat,[2] können wir dem Anfang und dem Schluss des Textes entnehmen – dort überlagern sich die Handschrift des lyrischen Ichs und die Flussströmung: Der Fluss und der Schreibfluss werden enggeführt („Flüssige Handschrift, die die Strömung nachahmt"/ „Flusswasser schreiben"). Es sind das Schreiben und die dabei entstehenden Bilder, die die Seseke-Landschaft hervorbringen.[3]

Für die Annäherung an die Züge des Gewässers zieht Marion Poschmann die Ode

---

1 In *Chor der Erinnyen* heißt es beispielsweise: „Draußen ging der Wind durch die Birke, der Blätterschatten wischte unruhig durchs Zimmer, warf sich durch den Raum wie der unstete Flug eines Fledertieres [...]"; Poschmann 2023, S. 29. In *Die Sonnenposition* breiten sich in einem Raum der beschriebenen Heilanstalt „metallene Pflanzenreliefs" und „elegante Ranken" aus; Poschmann 2020, S. 7.

2 Zum Evozieren von Naturbildern durch Sprache siehe Goldstein 2019.

3 Siehe dazu Marion Poschmanns Vorwort zu *Mondbetrachtung in mondloser Nacht*, in dem es heißt: „Dichtung vollbringt das Unmögliche: Sie evoziert Bilder im Raum, hält die flüchtige Welt für Momente fest, läßt das Unsichtbare sichtbar werden." Poschmann 2024, S. 8.

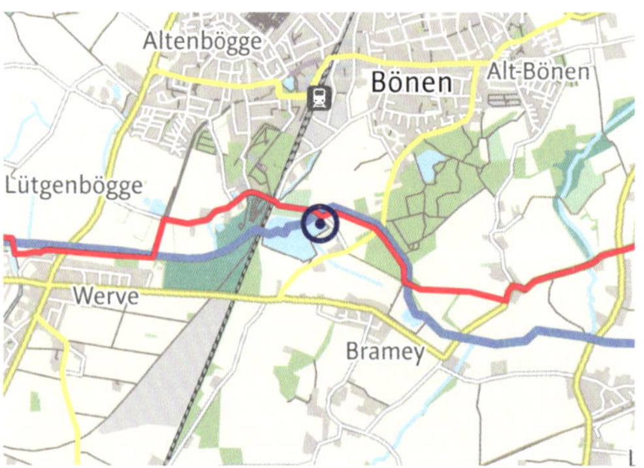

2026, Material: Edelstahlplatten
(DIN A3), graviert
59199 Bönen
B., L.: 51.588056, 7.756111

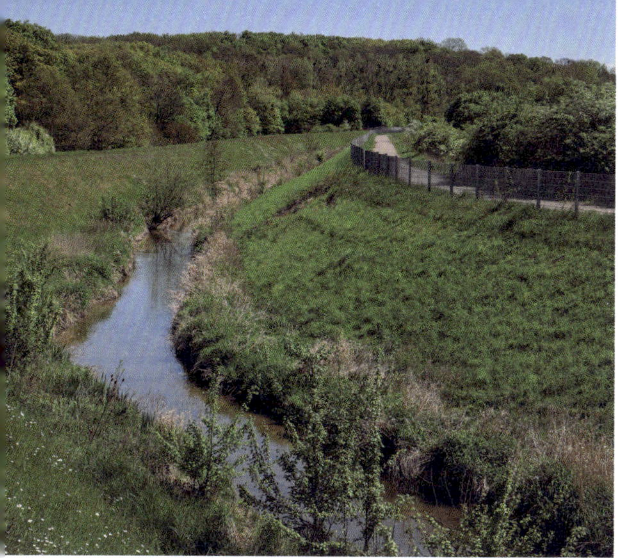

Seseke in Bönen (2025). Standort für *Flussfragmente* (2026) von Marion Poschmann

heran (gr. = Gesang) – eine kunstvolle Gedichtform, die erhabenen Themen gewidmet ist. Die Gottesliebe fand darin ebenso ihren Ausdruck wie das Herrscherlob, die Verehrung der Geliebten, die Huldigung des tugendhaften Lebens oder heroischer Taten. Gesungen vorgetragen, stellt sie eine Offenbarung der Leidenschaft dar, die die Dichterinnen und Dichter angesichts des Gepriesenen empfinden.[4] In der deutschen Dichtung erlebte diese Form, deren Ursprünge in der Lyrik des Horaz (65 v. Chr. – 8 v. Chr.) zu suchen sind,[5] insbesondere durch Friedrich G. Klopstock (1724–1803) eine Wiederentdeckung. Klopstock übertrug die reimlosen Verse und freien Rhythmen des antiken Vorbilds in seine Gedichte und eröffnete damit der Lyrik neue Ausdrucksmöglichkeiten.[6]

In *Flussfragmente* rückt das feierliche Moment der Ode in den Hintergrund; der empfindsame Blick auf die Natur, der für Klopstocks Dichtung charakteristisch ist, ist jedoch geblieben. Feinfühlig beschreibt das lyrische Ich die Wunden der vom Bergbau gezeichneten Region; es blickt zurück in die Zeit, als sich die Dämpfe des Abwassers über die Seseke-Landschaft legten, und betrachtet die Rückkehr der Tiere, Menschen und Pflanzen an den naturnah gestalteten, vom Schmutz befreiten Fluss. Zugleich

werden alltägliche Begegnungen mit Wasser geschildert: sein Wandel in Abwasser, sein Verfließen, Tropfen und Verdampfen, der Versuch, Wasser in zur Schale geformten Händen festzuhalten. An diesem Punkt wird ein Bogen zur Beschaffenheit der Seseke geschlagen: Die wasserhaltenden Hände erinnern an das eingefasste und durch Menschenhand modellierte Gewässer.

Flussfragmente präsentiert uns eine Landschaft die ihre Verflechtung mit dem Menschen offen zur Schau stellt. Menschliche Einschreibungen sind überall spürbar, selbst in der Tier- und Pflanzenwelt, wo sich invasive Arten ausmachen lassen. Marion Poschmanns Gedichtbände kreisen immer wieder um dieses Thema. In *Geliehene Landschaften* (2016) wird unter anderem das Zusammentreffen von Natur und Zivilisation in Park- und Gartenanlagen – also künstlichen Landschaften par excellence – anschaulich gemacht. Der Band *Nimbus* (2020) geht wiederum dem zerstörerischen Moment in der Begegnung zwischen Mensch und Natur nach. *Flussfragmente* bringt beide Themen – die Schädigung wie auch die Gestaltung der Natur – zusammen und verschleift den Blick auf die Seseke mit Beschreibungen von Wasser, dessen Sinnlichkeit und Fließen nicht nur in der Wahl der Worte, sondern auch in den Rhythmen der Oden widerhallen.

Zwölf Oden aus *Flussfragmente* werden auf Edelstahlplatten entlang der Seseke in Bönen zu lesen sein.

A. S.

A. S.

4 Zur Ode siehe Penzenstadler 2016, S. 398–407, Krummacher 2013, S. 77–123.
5 Vgl. Krummacher 2013, S. 86 f.
6 Vgl. Schneider 1999, S. 174 ff.

Stufen zur Körne

Danuta Karsten

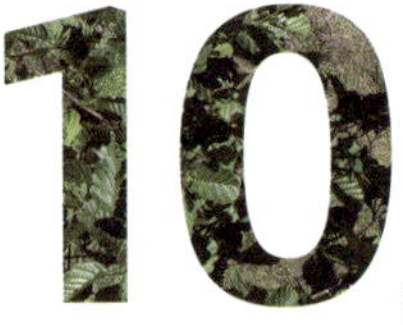

10 Der 12,9 Kilometer lange Körnebach entspringt im Dortmunder Stadtteil Alt-Scharnhorst und mündet in Kamen in die Seseke, deren Schicksal er teilt: Jahrzehntelang wurde der Bach als offener Abwasserkanal genutzt, bis er ab 1996 im Rahmen des Seseke-Programms renaturiert wurde. Seit 2006 führt das Gewässer nur noch sauberes Wasser und ist für die Menschen wieder erlebbar.

Danuta Karstens *Stufen zur Körne* verhandelt diese Transformation der Landschaft. Die Arbeit besteht aus 15 hölzernen Podesten, die entlang des Ufers verteilt sind und uns an das Gewässer heranführen. Die Konstruktionen eignen sich als Sitz- und Liegemöglichkeit und können als Tisch verwendet werden. Unmittelbar am Bach platziert, erschließen und öffnen sie ein Areal, das jahrzehntelang gemieden und durch die Künstlerin nun neu definiert wurde.

Diese Form des Eingriffs in den Raum ist kennzeichnend für Danuta Karstens Installationen, die stets die Umgebung mit einbeziehen. Meistens gestaltet die Künstlerin weitläufige Bauwerke um. Mal bringt Karsten in einer Rotunde mit Atemluft gefüllte Kunststoffschläuche an – wie bei *Das Beständige im Flüchtigen* (Wolskie Rotundy (ehemals ein Gasometer), Warschau, 2020) –, deren schwerelose und transparente Anmutung die Massivität des Raumes reduziert; mal lässt sie – wie bei *Der Zweite Blick* (Baukunstarchiv NRW, Dortmund, 2016) – schwarze Kunststoffbänder von der Decke fallen, die in ihrer Gesamtheit wie eine zeichnerische Schraffur wirken. Die Installationen breiten sich nicht nur vor den Augen der Betrachtenden aus – vielmehr werden wir körperlich in die Arrangements aufgenommen.

Gleiches gilt für *Stufen zur Körne*. An dem Bach hat die Künstlerin mit ihrer Arbeit nicht nur in die Landschaft eingegriffen und deren Erscheinung verändert, sondern auch einen Verweilort geschaffen, der zur Interaktion animiert. *Stufen zur Körne* lebt davon, dass wir die Holzpodeste nutzen und den Ort auf diese Weise neu entdecken. Das klassische Verhältnis zwischen Kunstwerk und Publikum wird hier aufgelöst, indem zur Teilhabe aufgefordert wird.[1] Karstens Anspruch, das Werk zu öffnen, zeigt sich auch

1 Zur Rezeption partizipativer Kunst siehe Kemp 2015, S. 66–86.

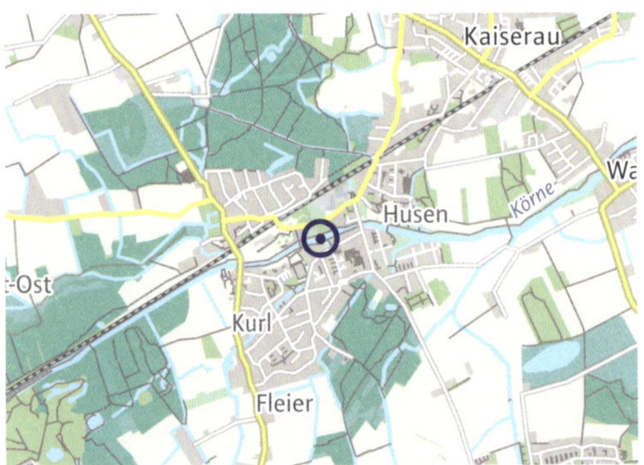

2010, 15 Elemente aus Metall, Lärche (gezahnt/geriffelt)
Jeweils 1,16 × 1,16 × 0,8 m (max.)
44319 Dortmund
B., L.: 51.556511, 7.592512

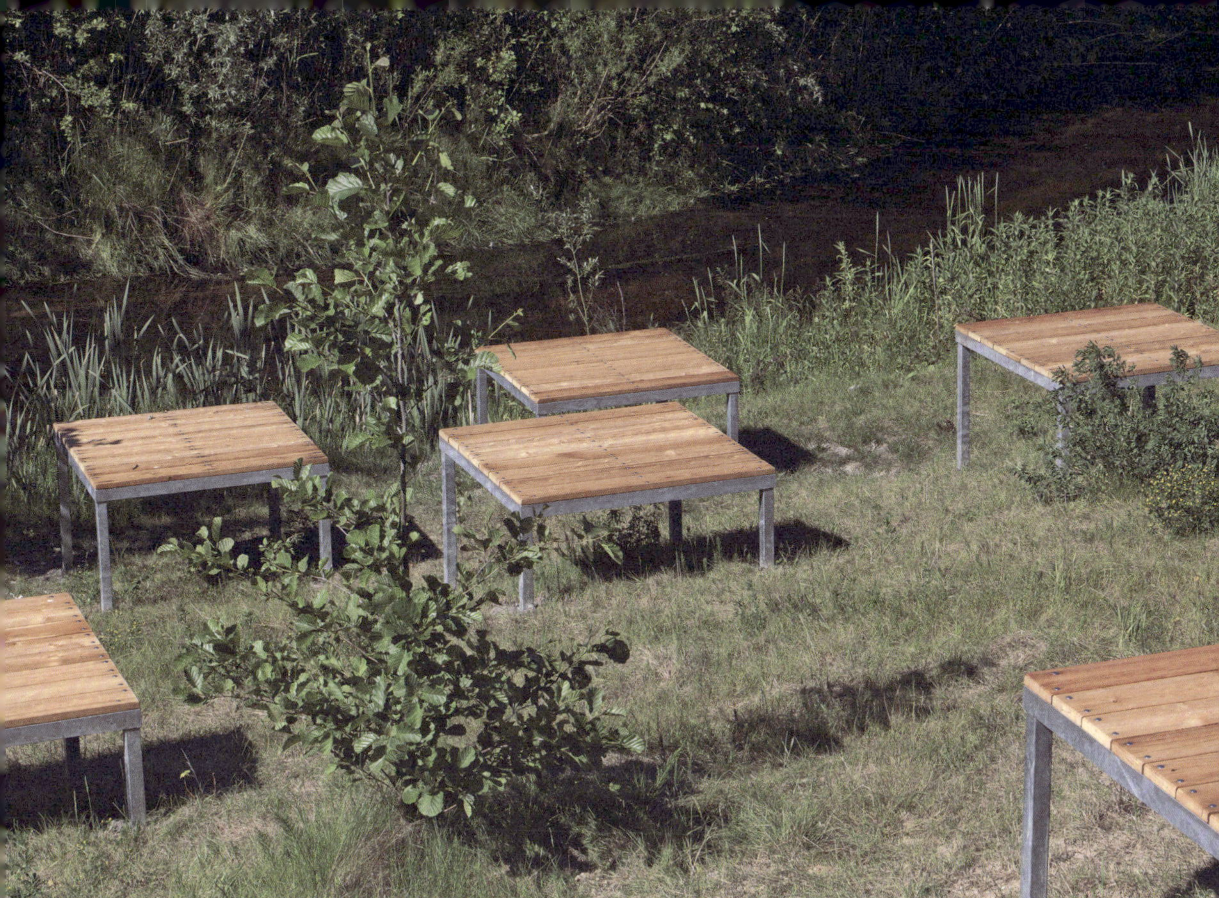

Danuta Karsten: *Stufen zur Körne* (2010, Dortmund), 2011

in dem partizipativen Ansatz der Installation: Für die Schülerinnen und Schüler der nahe gelegenen Schule in Dortmund-Husen wurde das Kunstwerk zu einem „grünen Klassenzimmer". Sie hatten nicht nur die Möglichkeit, im Rahmen des Projekts an dem von Danuta Karsten konzipierten Unterricht teilzunehmen und verschiedene künstlerische Techniken zu erlernen – sie konnten außerdem an den Reparaturen von *Stufen zur Körne* mitwirken und sich so aktiv einbringen.

A. S.

CLAUDIA SCHMACKE

Erscheinen und Verschwinden

11 An der Straße „An der Schwarzen Saline" mündet der durch Unna fließende Afferder Bach in den Massener Bach. Das Gewässer bewegt sich langsam und lässt sich von oben, von einer kleinen Brücke aus, beobachten. In regelmäßigen Abständen wird die Ruhe des Ortes durchbrochen: Eine Fontäne sprudelt am Rand des Bachs in die Höhe, um dann wieder zu verschwinden. Sie erinnert sowohl an in der Natur vorkommende Geysire, die meterhoch in den Himmel schießen, wie auch an die Wasserspiele der italienischen und französischen Gärten der Renaissance und des Barock. Claudia Schmacke versetzt dieses Spektakel in einen neuen Kontext: Das Wasser steigt bei *Erscheinen und Verschwinden* aus einem überdimensionalen Abfluss. Dieser verweist auf den unterirdisch verlaufenden Abwasserkanal, der die Renaturierung der Gewässer möglich machte.

Die Dualität, die dem Werk durch das Hervorsprudeln und Verschwinden des Wassers eingeschrieben ist, spielt in Claudia Schmackes Arbeit eine zentrale Rolle. Ihre Werke beschäftigen sich oftmals mit Fragen der Temporalität, physikalischen Phänomenen und dem Element Wasser. So beispielsweise auch in der Installation *der grüne Bereich/the green zone* (2004), in der die Künstlerin Waschbecken mit grün gefärbtem Wasser füllte und damit Leere und Fülle zueinander in Beziehung setzte, oder in der Arbeit *Grünfläche* (2007): Diese bestand aus vielen kleinen, durchsichtigen, mit grünlichem Wasser gefüllten Plastikbeuteln, die auf einem Weg in einer Parkanlage verteilt wurden. In ihrer Gesamtheit wirkten sie wie ein Pflanzenbeet, waren jedoch höchst artifiziell.

In *Erscheinen und Verschwinden* zeigt sich ebenfalls ein Changieren zwischen Natürlichem und Künstlichem. Das Werk rekurriert auf ein Naturschauspiel, doch die Fontäne entspringt nicht einer Quelle, sondern einem Gully. Dadurch werden eine natürliche und eine technische Struktur zusammengeführt, die in dieser Konstellation dazu anregen, über das Verhältnis zwischen den beiden Bereichen nachzudenken.

A. S.

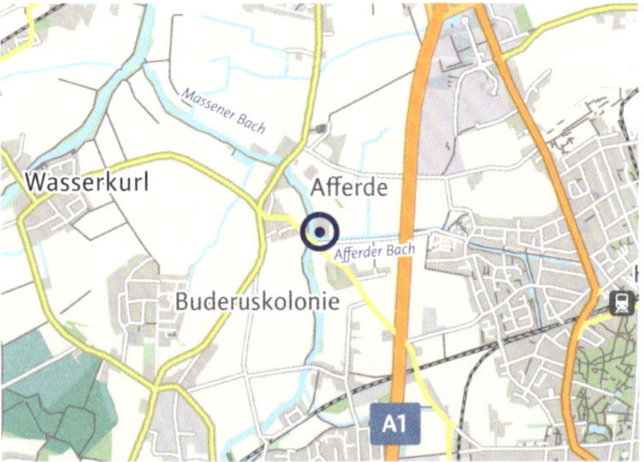

2013, Wasser des Afferder Bachs,
Edelstahl, Pumpe, Steuerung
Edelstahl: 1 m Durchmesser,
Höhe der Fontäne variabel
59425 Unna
B., L.: 51.557741, 7.654089

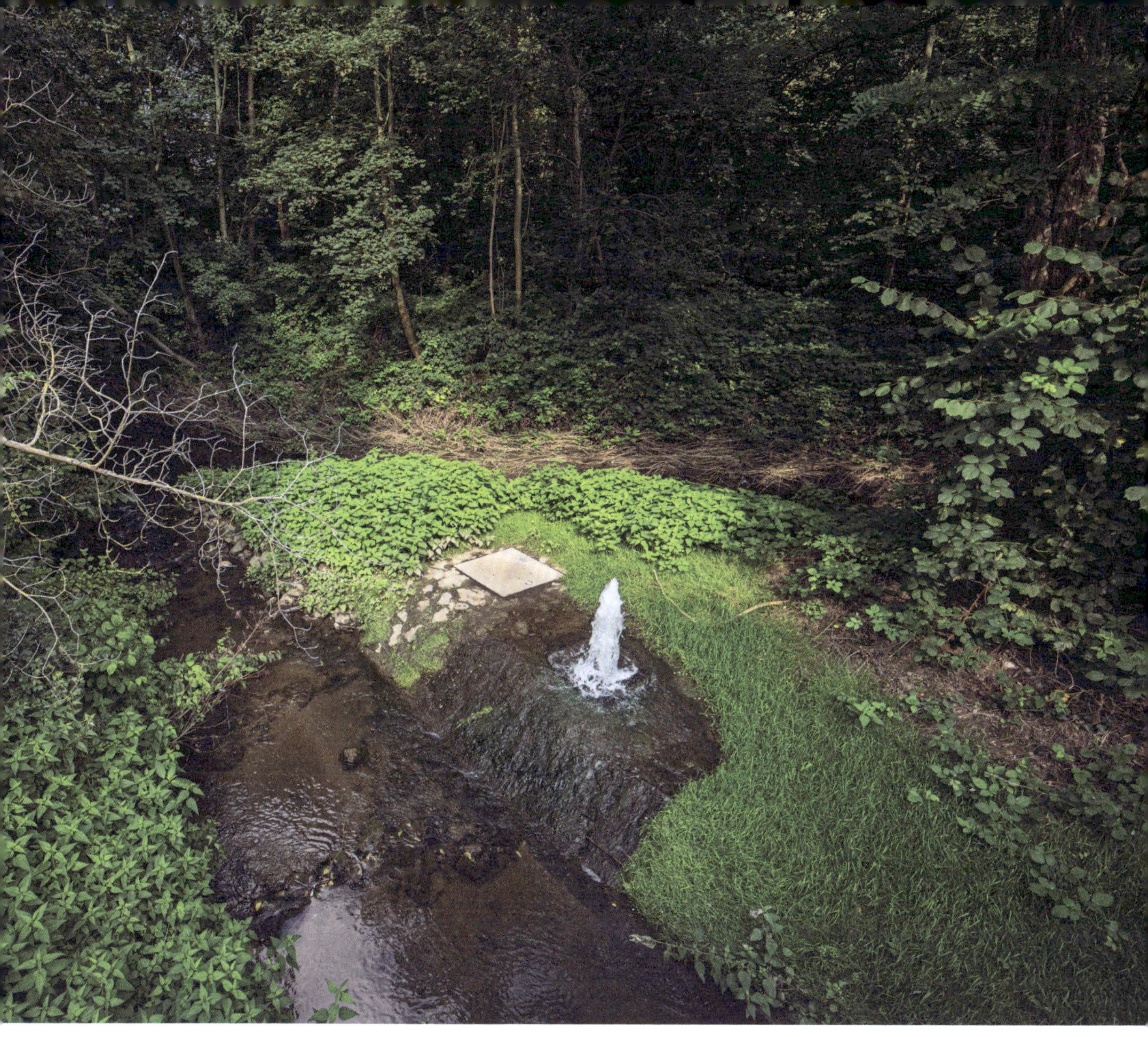

Claudia Schmacke: *Erscheinen und Verschwinden*
(2013, Unna), 2021

Floating Stones

Anja Vormann
Gunnar Friel

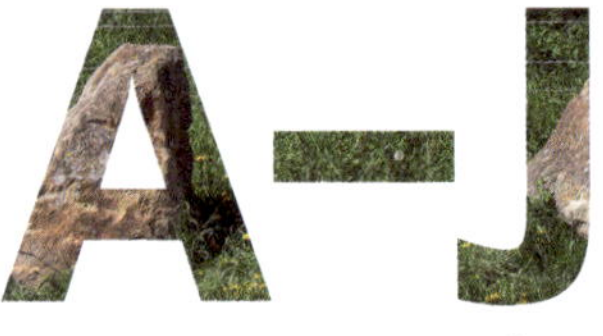

A–J Wie lassen sich Land-schaften sprachlich erkunden und durch Sprache vermitteln? Diesen Fragen gehen Anja Vormann und Gunnar Friel in ihrer Arbeit *Floating Stones* nach. Das Medienkunstwerk besteht aus 13 Findlingen, die entlang der Seseke und ihrer Nebenläufe am Wegesrand platziert sind. Die Steine fügen sich harmonisch in die Umgebung ein und heben sich gleich-zeitig von ihr ab: An einigen Stellen wirken sie wie mysteriöse, sich verselbstständigen-de Gebilde, die scheinbar durch die Land-schaft schweben. Diesen Effekt erzielten die Künstler, indem sie die Findlinge auf Stel-zen installierten.

Jeder Stein ist mit einem QR-Code ver-sehen, der mit einem Smartphone abge-scannt werden kann. Ursprünglich führten die Codes zu Videos, die die Künstler für die Ausstellung 2013 produziert hatten. Die Aufnahmen zeigten die Seseke-Landschaft aus ungewöhnlichen Perspektiven und rück-ten ihre Eigenschaften und ihre besondere Anmutung in den Fokus. In einem Video etwa erinnert der Fluss an ein tropisches Gewäs-ser. Mit diesen Aufnahmen durchkreuzten Anja Vormann und Gunnar Friel zum einen unsere Sehgewohnheiten. Zum anderen mach-ten sie deutlich, dass die Wahrnehmung von Landschaft stets subjektiv geprägt ist.

In der neu konzipierten Arbeit, die im Herbst 2024 fertiggestellt wurde, wird dieser Aspekt weiterverfolgt. Die Dateien hinter den QR-Codes wurden ausgetauscht, und anstel-le von Videos können nun Sprachsequenzen aufgerufen werden, die die Künstler aufge-

2013/2024, 13 Sandsteinfelsen
(teilweise geständert), QR-Codes, Audio
Bis zu 0,8 t, Durchmesser zwischen 0,5 und 1,3 m
Lünen, Bergkamen, Kamen, Dortmund,
Unna, Bönen

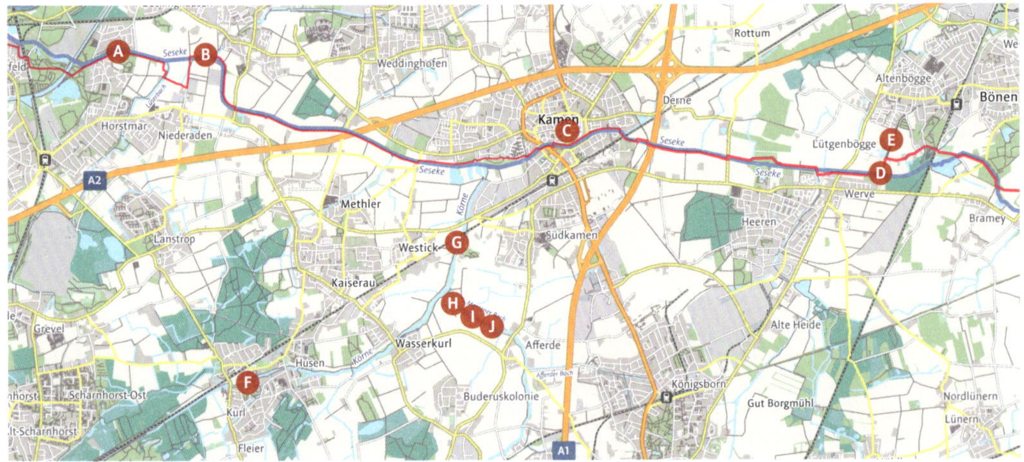

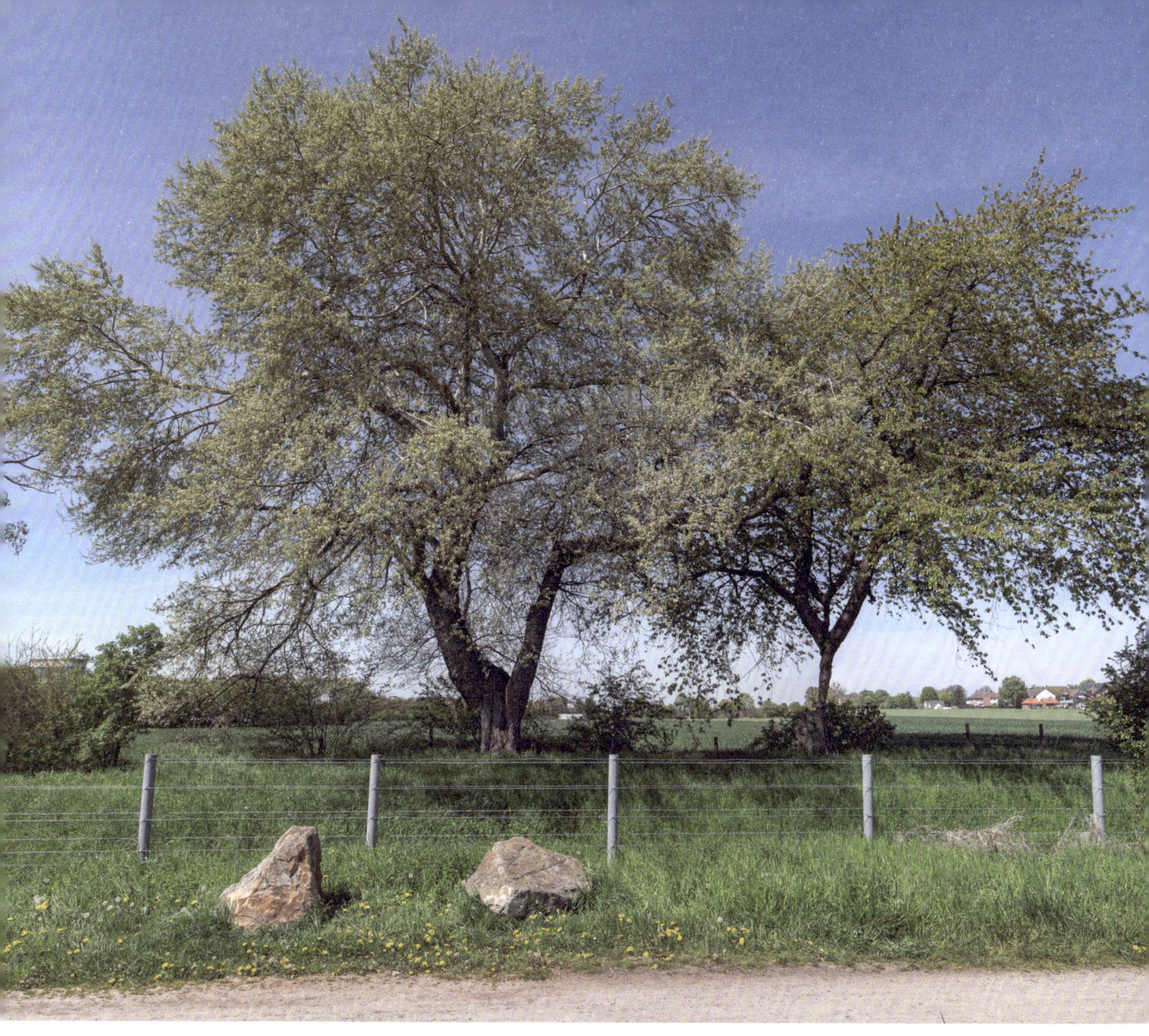

Anja Vormann/Gunnar Friel: *Floating Stones*
(2013/2024, Seseke-Region), 2023

nommen und zusammengeschnitten haben. Dafür führten Anja Vormann und Gunnar Friel zahlreiche Interviews mit Menschen, die an der Seseke leben und arbeiten. Sie ließen ihre Gesprächspartnerinnen und Gesprächspartner ihre Vorstellung von Natur beschreiben, tauchten mit ihnen in die Märchenwelt der Region ein, ließen sämtliche Vogel- und Pflanzenarten an der Seseke aufzählen, fragten ältere Menschen nach ihren Erinnerungen, sammelten Landschaftsbeschreibungen und sprachen mit den Mitarbeiterinnen und Mitarbeitern des Lippeverbands über die ökologische Verbesserung und Geschichte des Flusses. Die Aufnahmen wurden thematisch gebündelt und auf verschiedenen Steine verteilt. Durch Sprache wird uns vermittelt, wie andere Menschen die Seseke-Landschaft wahrnehmen. Ihren Eindrücken können wir lauschen und dabei unsere eigenen Bilder des Flusses imaginieren.

A. S.

Literatur

Bauer, Hermann: *Rocaille. Zur Herkunft und zum Wesen eines Ornament-Motivs*, Berlin 1962.

Boehm, Gottfried: „Einführung. Faszination und Argumente", in: ders.: *Wie Bilder Sinn erzeugen. Die Macht des Zeigens*, Berlin 2010, S. 9–18.

Böhme, Gernot: *Natürlich Natur. Über Natur im Zeitalter ihrer technischen Reproduzierbarkeit*, Frankfurt am Main 1992.

Böhme, Gernot: „Schönheit – jenseits der Dinge", in: Natascha Adamowsky u. a. (Hrsg.): *Affektive Dinge. Objektberührungen in Wissenschaft und Kunst*, Göttingen 2011, S. 198–212.

Böhme, Gernot: „Was hat Ökologie mit Ästhetik zu tun?", in: *Zeit online*, 7. Juli 2021.

Böhme, Hartmut: „Aussichten einer ästhetischen Theorie der Natur", in: Horst Gerhard Haberl u. a. (Hrsg.): *Entdecken – Verdecken. Eine Nomadologie der Neunziger*, Graz 1991 (= Herbstbuch 2), S. 15–36.

Borries, Friedrich von, Christian Hiller u. Wilma Renfordt (Hrsg.): *KlimaKunstForschung*, Berlin 2011.

Brevern, Jan von: *Das natürliche Kunstwerk. Zur Ästhetisierung von Natürlichkeit im 18. Jahrhundert*, Konstanz 2023.

Daston, Lorraine: „Fiktionen von Objektivität", in: Friedrich von Borries, Christian Hiller u. Wilma Renfordt (Hrsg.): *KlimaKunstForschung*, Berlin 2011, S. 170–180.

Daston, Lorraine u. Peter Galison: *Objektivität*, Frankfurt am Main 2024.

Ender, Markus, Ingrid Fürhapter, Iris Kathan u. a.: „Aufgeräumt. Landschaftslektüren von Tirol bis in die Po-Ebene", in: dies. (Hrsg.): *Landschaftslektüren. Lesarten des Raums von Tirol bis in die Po-Ebene*, Bielefeld 2017, S. 10–24.

Fischer, Ole W.: „Reflexionen im Spiegelglas … Ludwig Mies van der Rohe, Philip Johnson und die Glashäuser. Eine kulturgeschichtliche Betrachtung", in: Kerstin Plüm (Hrsg.; unter Mitarbeit von Kerstin Meincke): *Mies van der Rohe im Diskurs. Innovationen – Haltungen – Werke. Aktuelle Positionen*, Bielefeld 2013, S. 139–158.

Gelshorn, Julia: „Erziehung des Auges – Erziehung des Körpers. Die geschwungene Linie als visuelle Ausdrucksform sozialer Normierung", in: Ulrich Johannes Schneider (Hrsg.): *Kulturen des Wissens im 18. Jahrhundert*, Berlin 2008, S. 489–498.

Goldstein, Jürgen: *Naturerscheinungen. Die Sprachlandschaften des Nature Writing*, Berlin 2019.

Hartlaub, Gustav Friedrich: *Zauber des Spiegels: Geschichte und Bedeutung des Spiegels in der Kunst*, München 1951.

Hauser, Susanne: „Interview: Folke Köbberling and Martin Kaltwasser", in: *Dimensions. Journal of Architectural Knowledge*, 4, Heft 7, 2025, S. 259–268.

Hauskeller, Michael (Hrsg.): *Was das Schöne sei. Klassische Texte von Platon bis Adorno*, München 1999.

Hogarth, William: *Analyse der Schönheit*, Hamburg 2008 (= Fundus, 132).

Huse, Norbert: *Geschichte der Architektur im 20. Jahrhundert*, München 2008.

Jackson, John Brinckerhoff: „Landschaften. Ein Resümee", in: Brigitte Franzen u. Stefanie Krebs (Hrsg.): *Landschaftstheorie. Texte der Cultural Landscape Studies*, Köln 2005 (= Kunstwissenschaftliche Bibliothek, hrsg. von Christian Posthofen, Bd. 26), S. 29–44.

Kacunko, Slavko: *Spiegel – Medium – Kunst. Zur Geschichte des Spiegels im Zeitalter des Bildes*, München 2011.

Kemp, Wolfgang: *Der explizite Betrachter. Zur Rezeption zeitgenössischer Kunst*, Konstanz 2015.

Koschorke, Albrecht: „Zur Epistemologie der Natur/ Kultur-Grenze und zu ihren disziplinären Folgen", in: Cristian Alvarado Leyton u. Philipp Erchinger (Hrsg.): *Identität und Unterschied. Zur Theorie von Kultur, Differenz und Transdifferenz*, Bielefeld 2010, S. 169–183.

Krummacher, Hans-Henrik: *Lyra. Studien zur Theorie und Geschichte der Lyrik vom 16. bis zum 19. Jahrhundert*, Berlin/Boston 2013.

Krüger, Matthias: „Atmosphären im Anthropozän. Olafur Eliassons The Weather Project", in: Frank Fehrenbach u. ders. (Hrsg.): *Der achte Tag. Naturbilder in der Kunst des 21. Jahrhunderts*, Berlin/Boston 2016, S. 39–57.

Latour, Bruno: *Kampf um Gaia. Acht Vorträge über das neue Klimaregime*, Berlin 2017.

Mersch, Dieter u. Michaela Ott (Hrsg.): „Tektonische Verschiebungen zwischen Kunst und Wissenschaft", in: dies. (Hrsg.): *Kunst und Wissenschaft*, München 2007, S. 9–31.

Mitchell, W. J. T.: „Vorwort", in: ders.: *Das Leben der Bilder. Eine Theorie der visuellen Kultur*, München 2008, S. 11–15.

Moog-Grünewald, Maria: „Antoine Watteau oder: Die Grazie der Balance", in: Cornelia Zumbusch u. Eckart Goebel (Hrsg.): *Balance. Figuren des Äquilibriums in den Kulturwissenschaften*, Berlin/Boston 2020 (= Studien aus dem Warburg-Haus, 23), S. 83–95.

Oster, Angela (Hrsg.): *Das „andere" 18. Jahrhundert. Komparatistische Blicke auf das Rokoko der Romania*, Heidelberg 2010.

Penzenstadler, Franz: „Frühe Neuzeit", in: Dieter Lamping (Hrsg.): *Handbuch Lyrik. Theorie, Analyse, Geschichte*, Stuttgart 2016, S. 380–410.

Poschmann, Marion: *Die Sonnenposition*, Berlin 2020.

Poschmann, Marion: *Chor der Erinnyen*, Berlin 2023.

Poschmann, Marion: *Mondbetrachtung in mondloser Nacht*, Berlin 2024.

Schneider, Karl Ludwig (Hrsg.): „Nachwort", in: Friedrich Gottlieb Klopstock: *Oden*, Stuttgart 1999, S. 167–182.

https://bauhaus-dessau.de/orte/meisterhaeuser/ (1.2.2025).

https://www.bureau-baubotanik.de/ (1.4.2025).

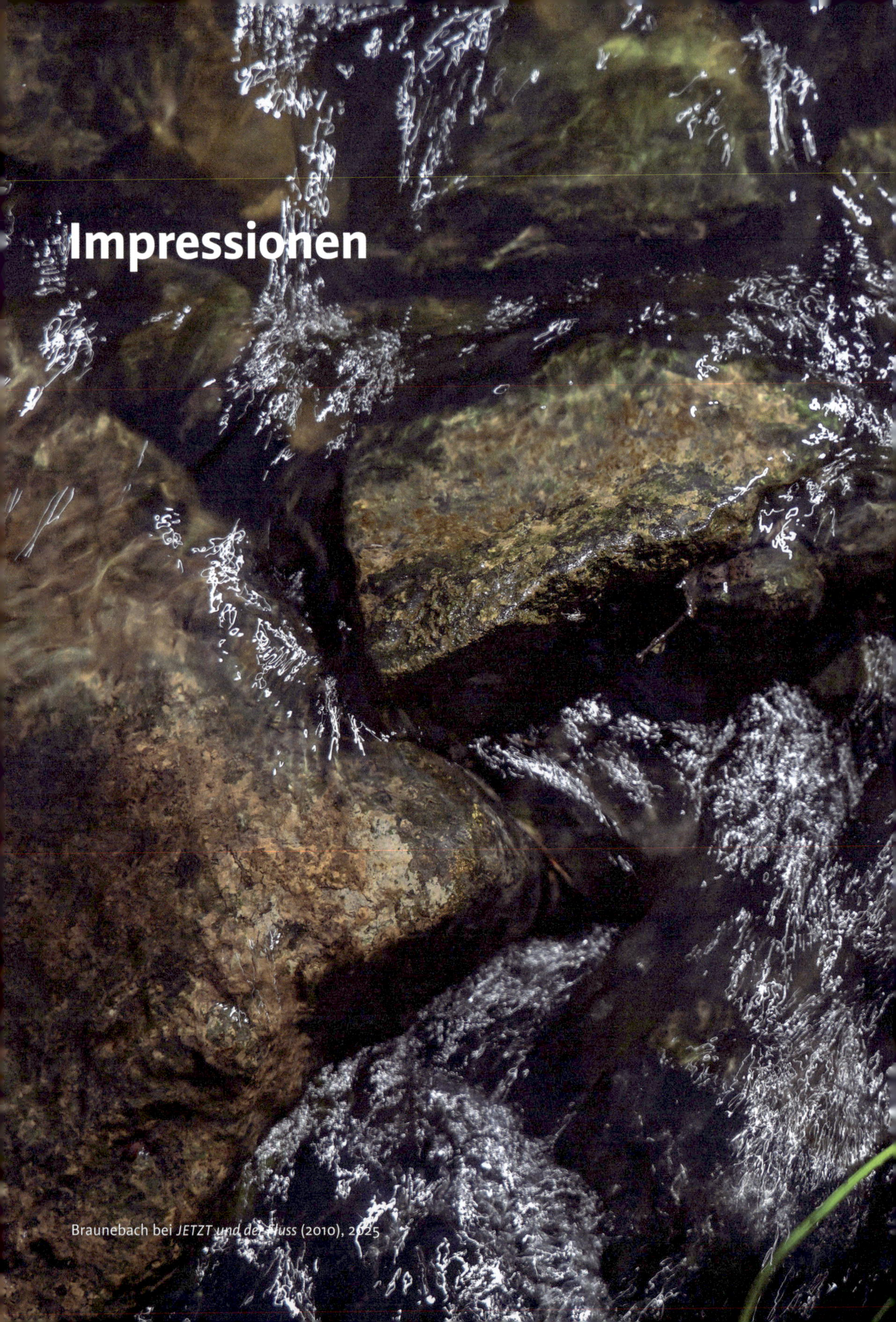

Impressionen

Braunebach bei *JETZT und der Fluss* (2010), 2025

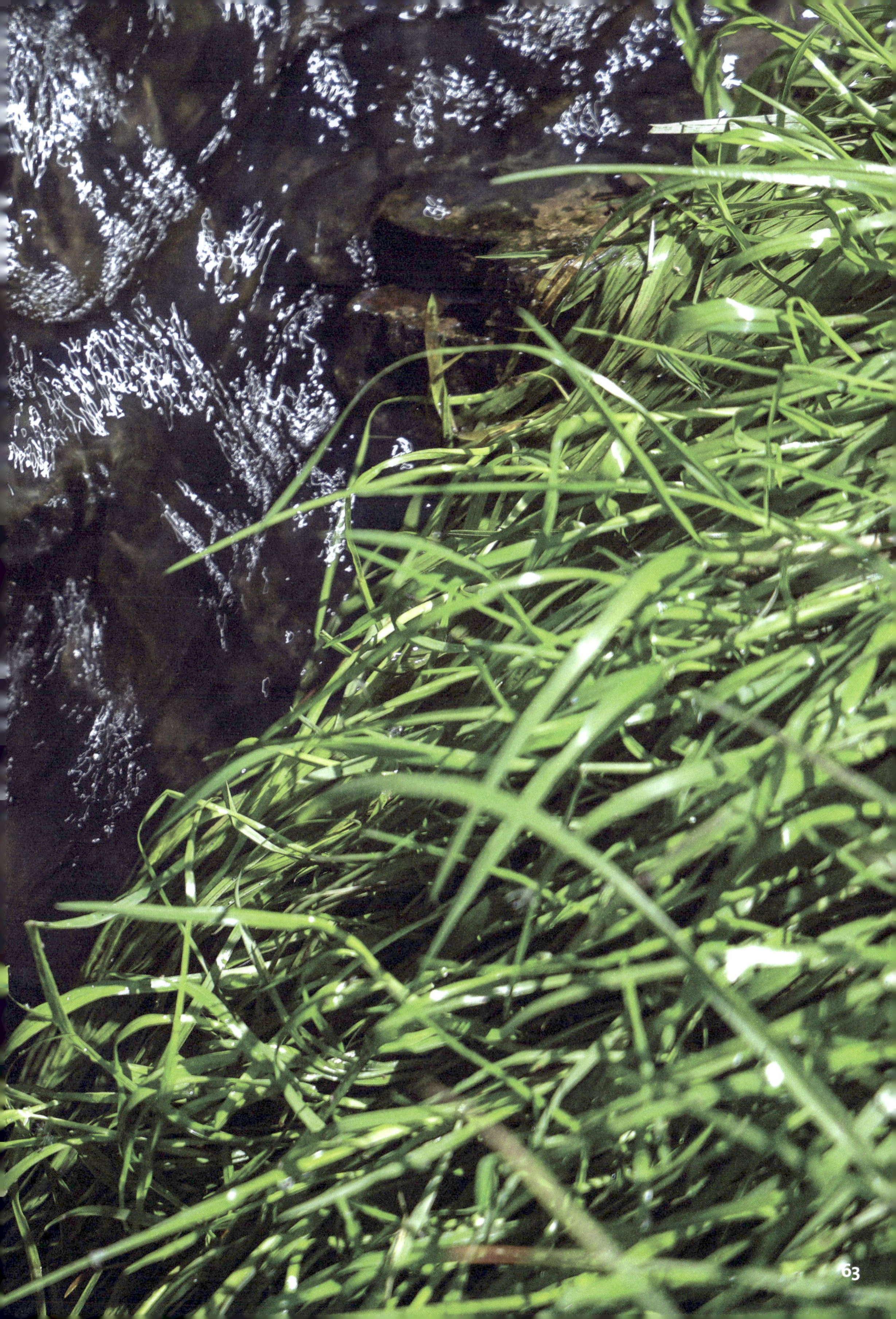

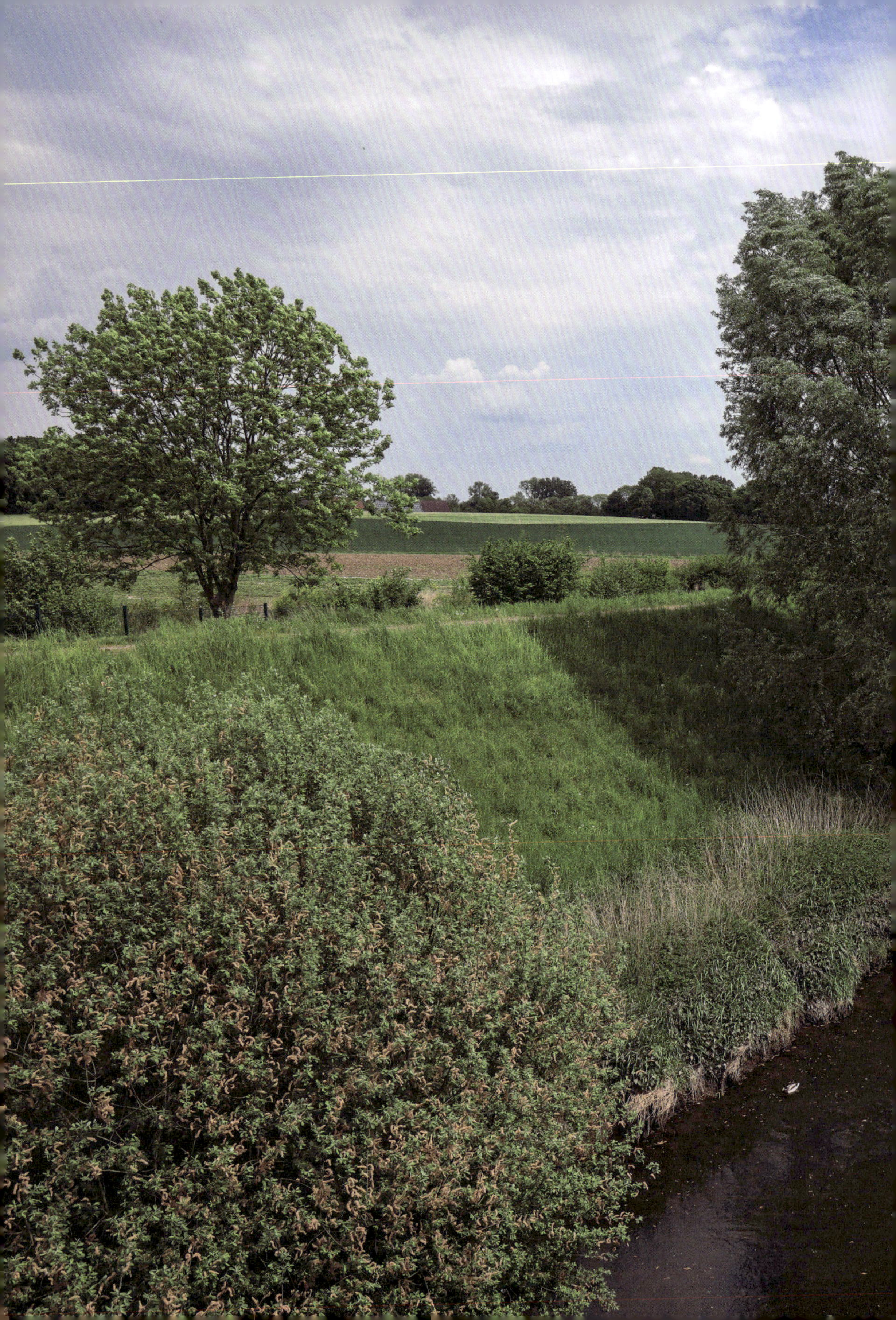

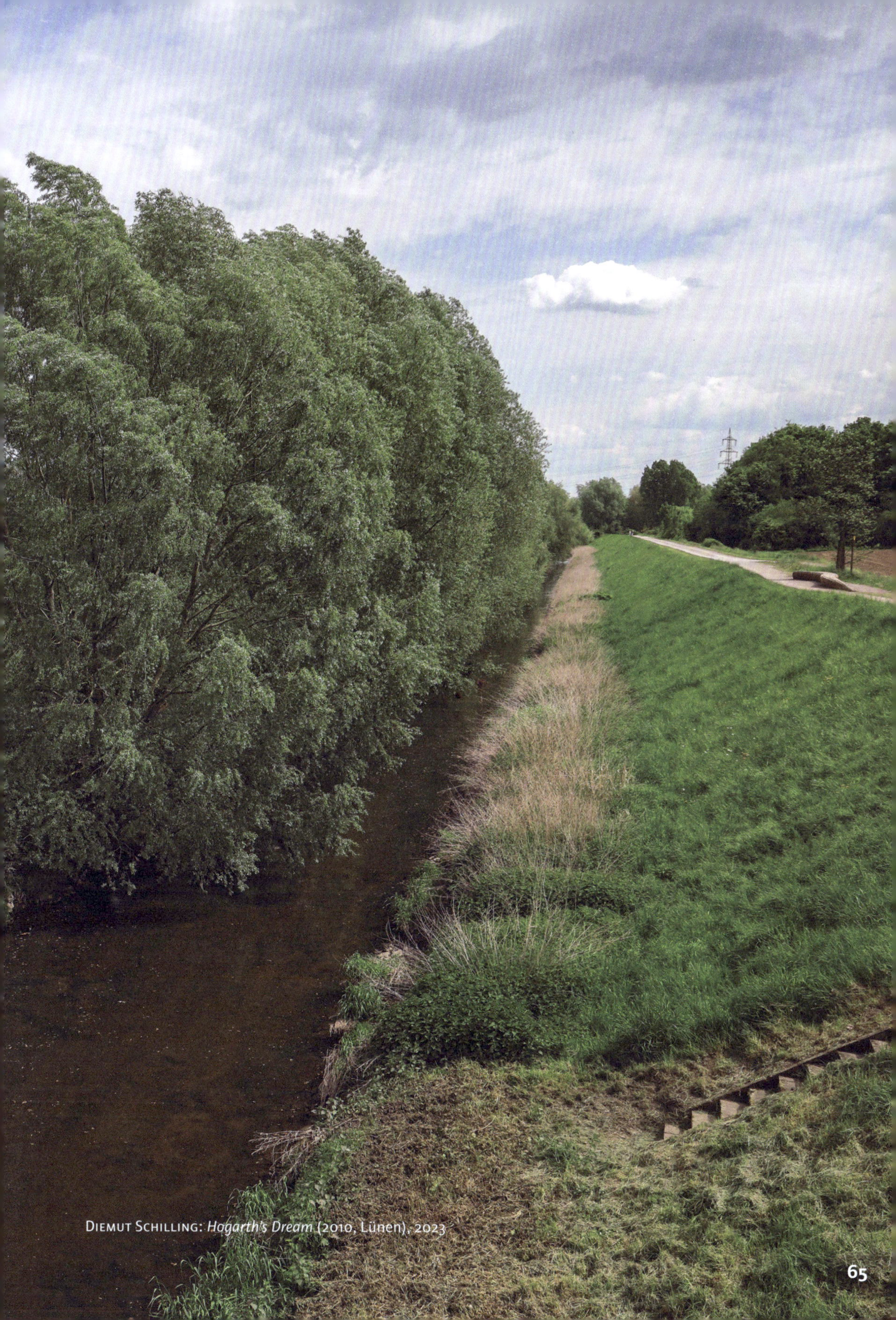

Diemut Schilling: *Hogarth's Dream* (2010, Lünen), 2023

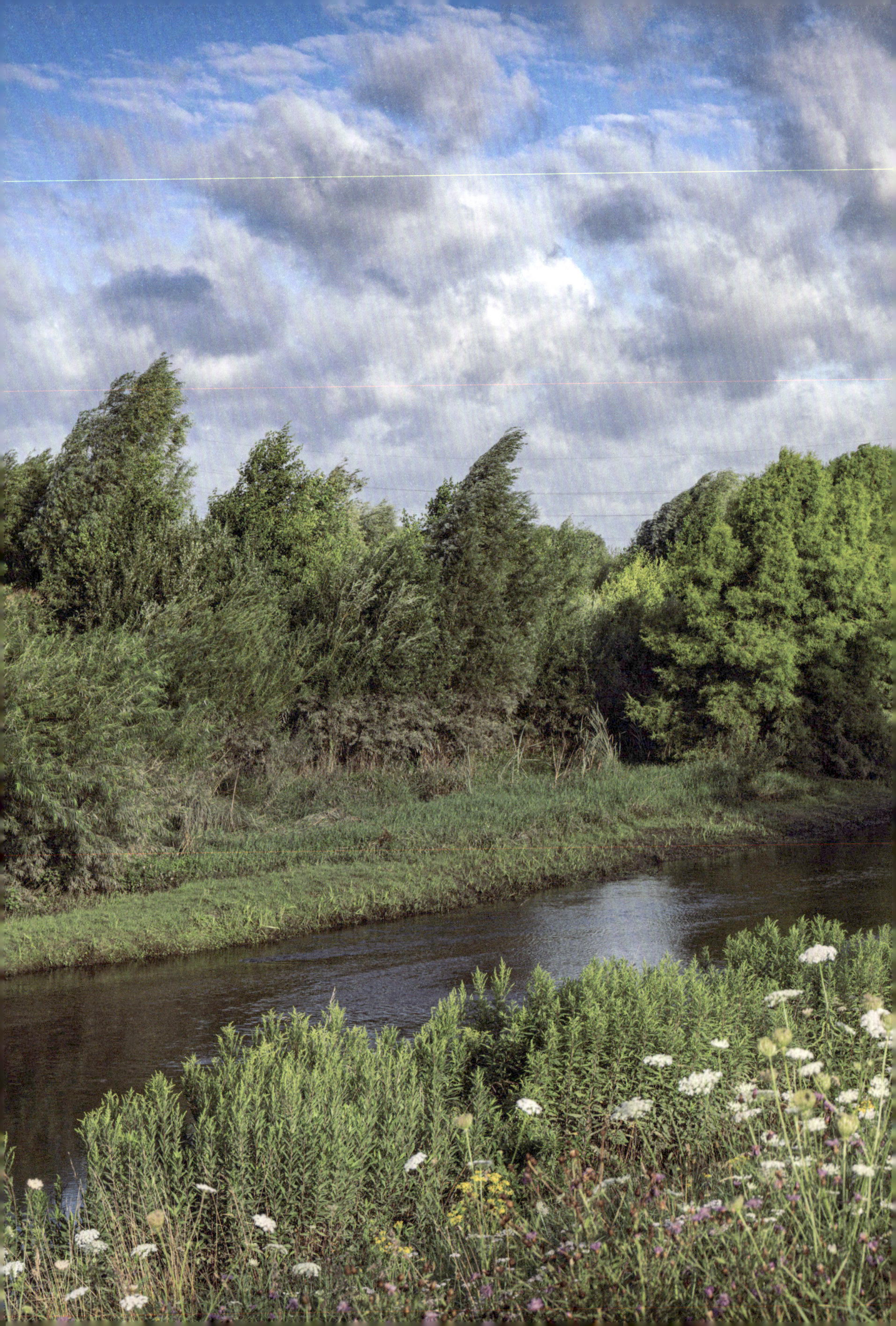

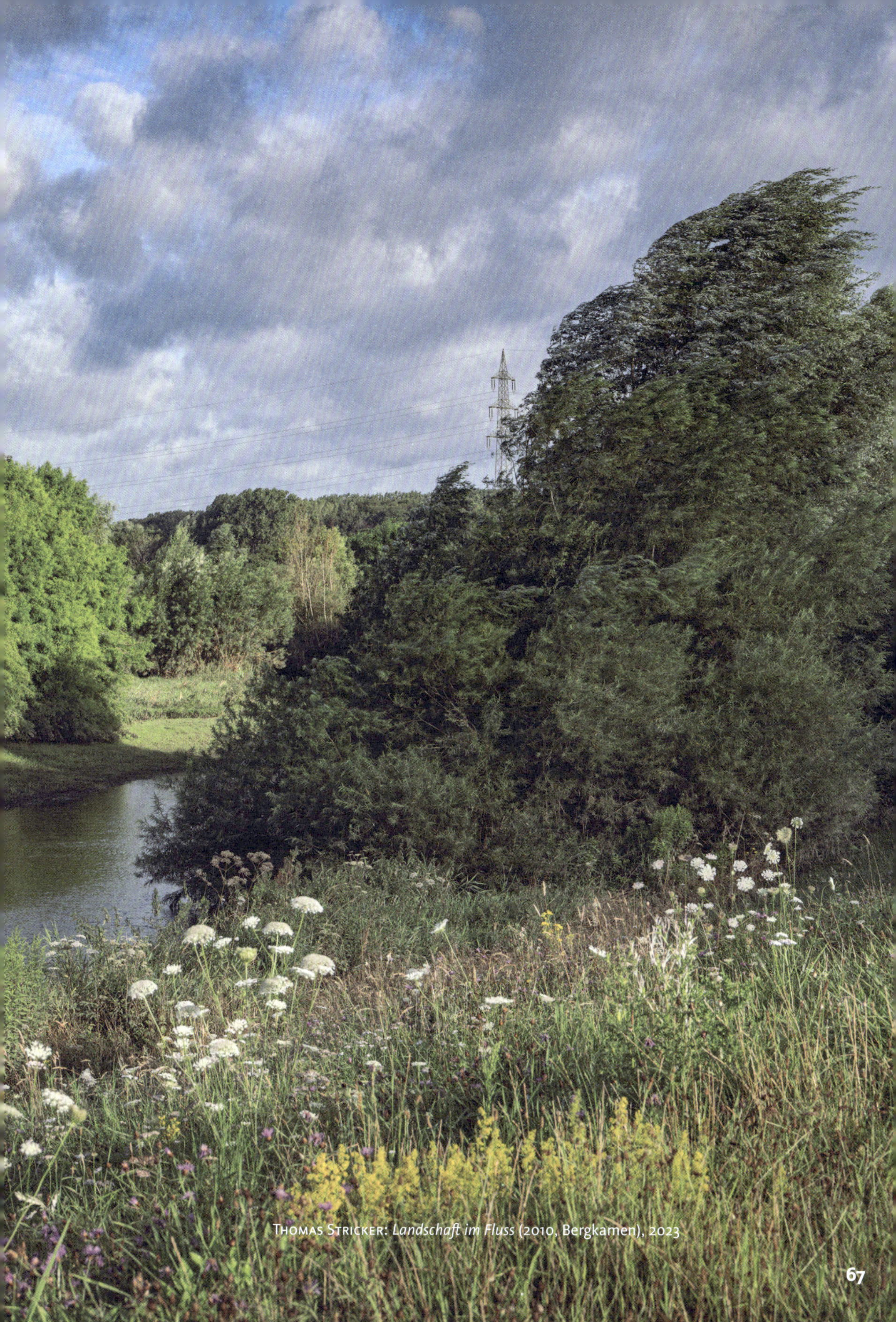

Thomas Stricker: *Landschaft im Fluss* (2010, Bergkamen), 2023

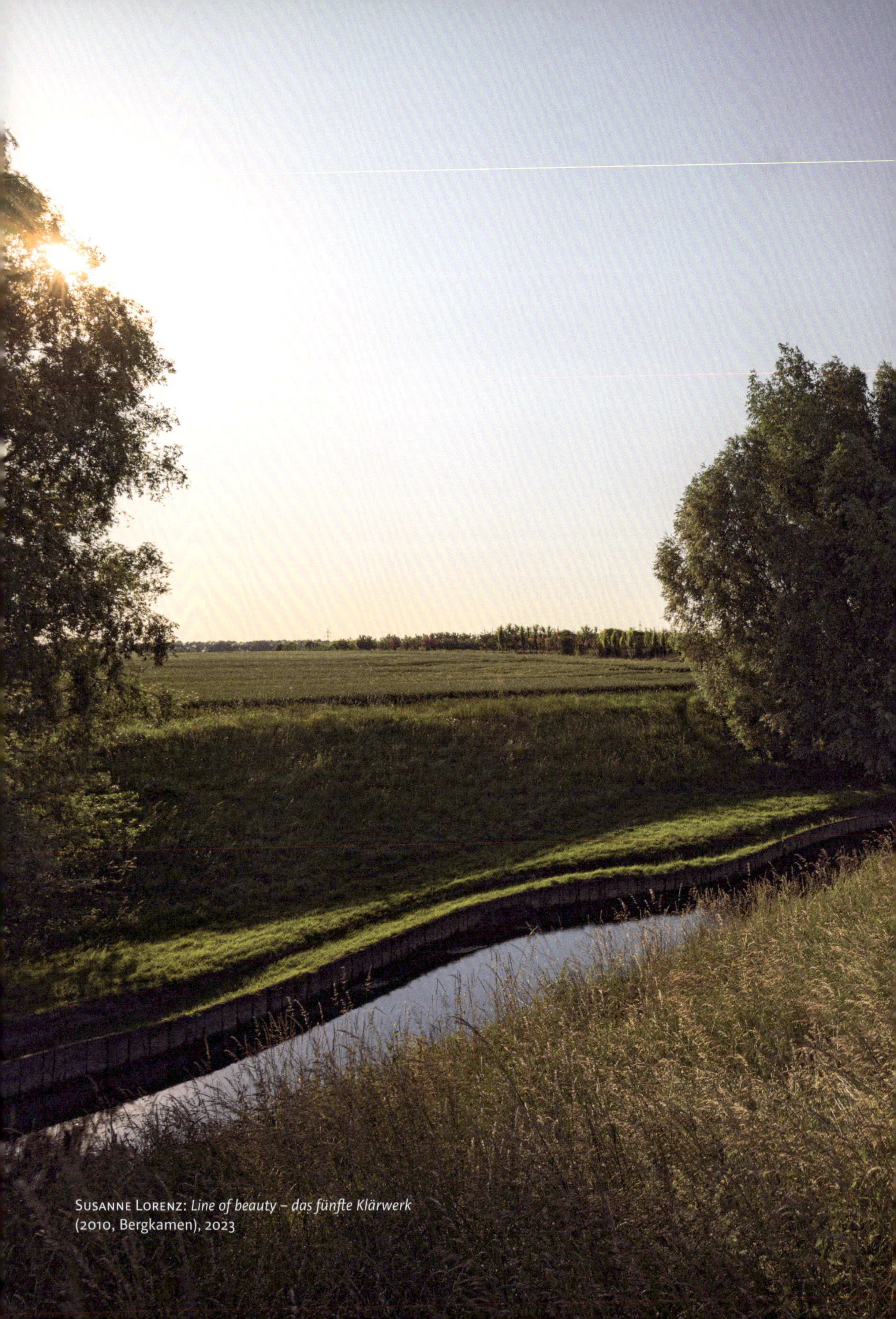

Susanne Lorenz: *Line of beauty – das fünfte Klärwerk*
(2010, Bergkamen), 2023

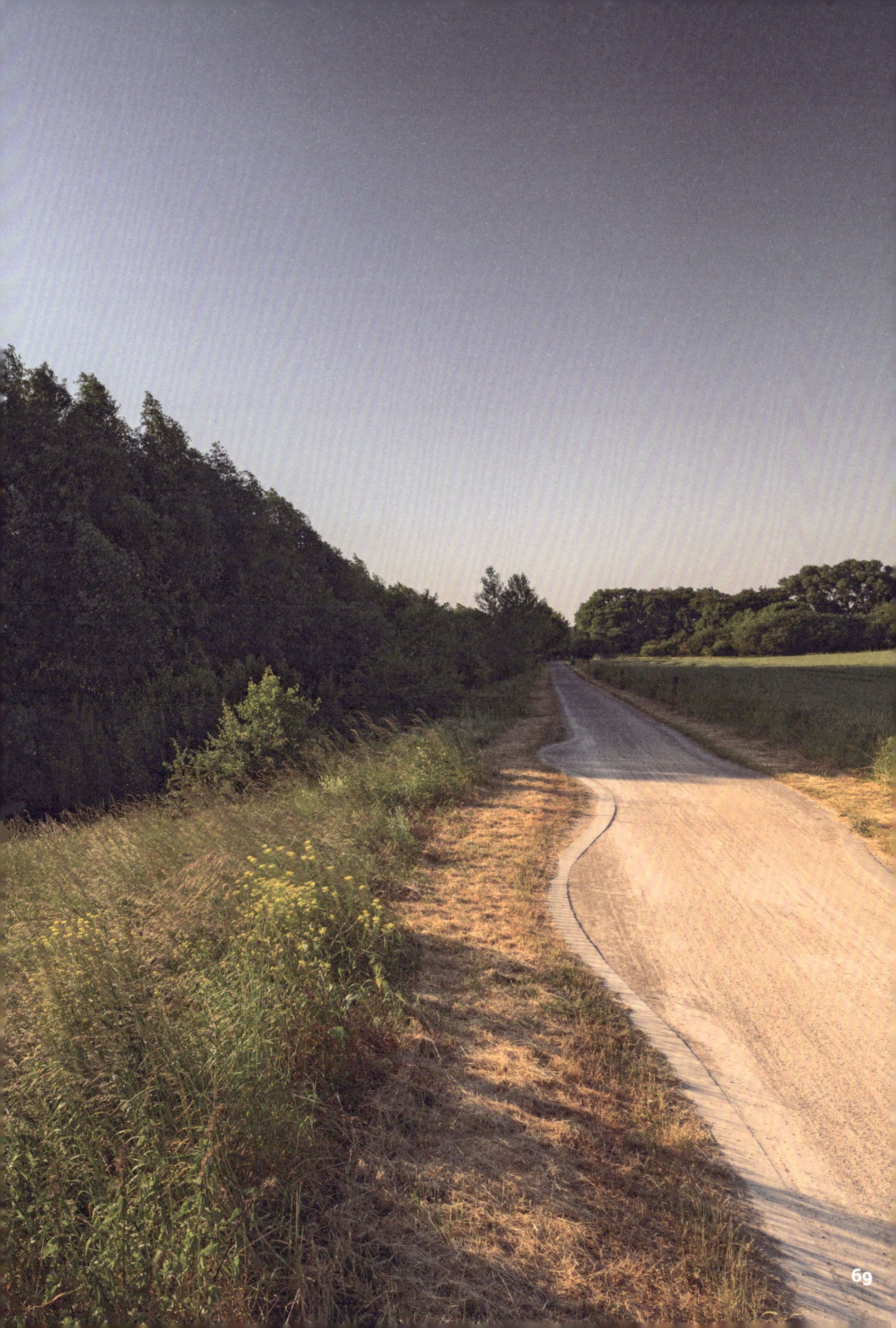

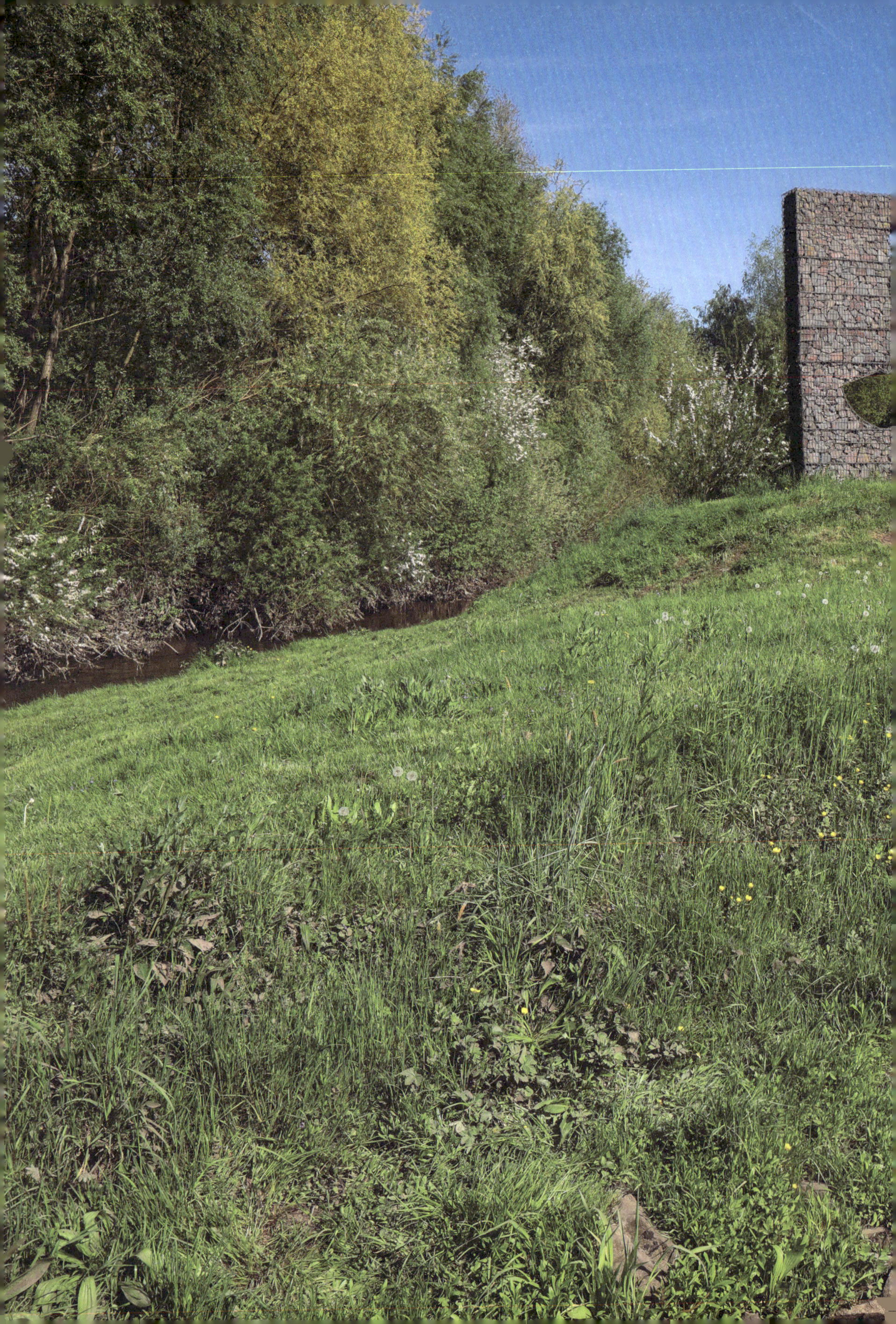

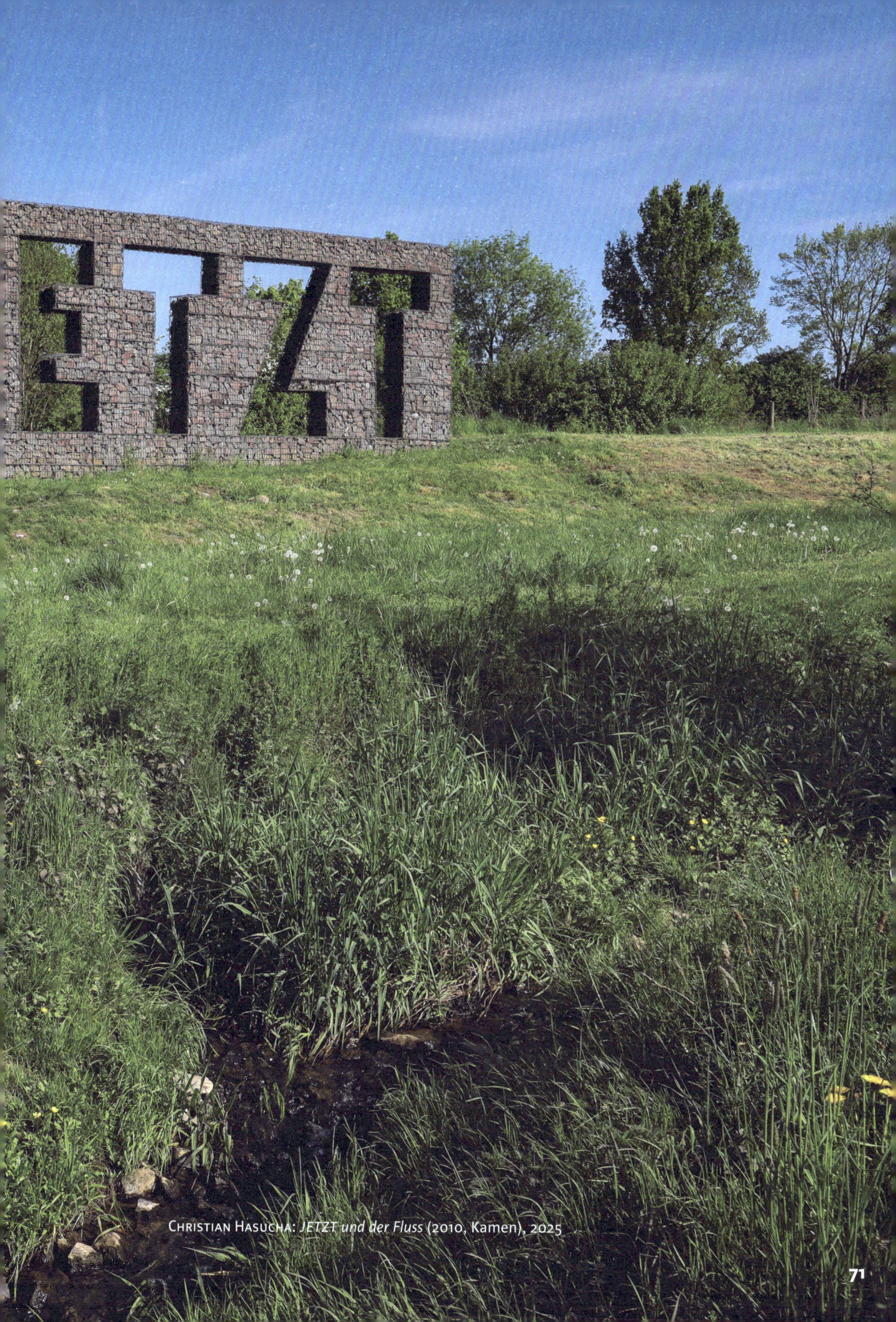

Christian Hasucha: *JETZT und der Fluss* (2010, Kamen), 2025

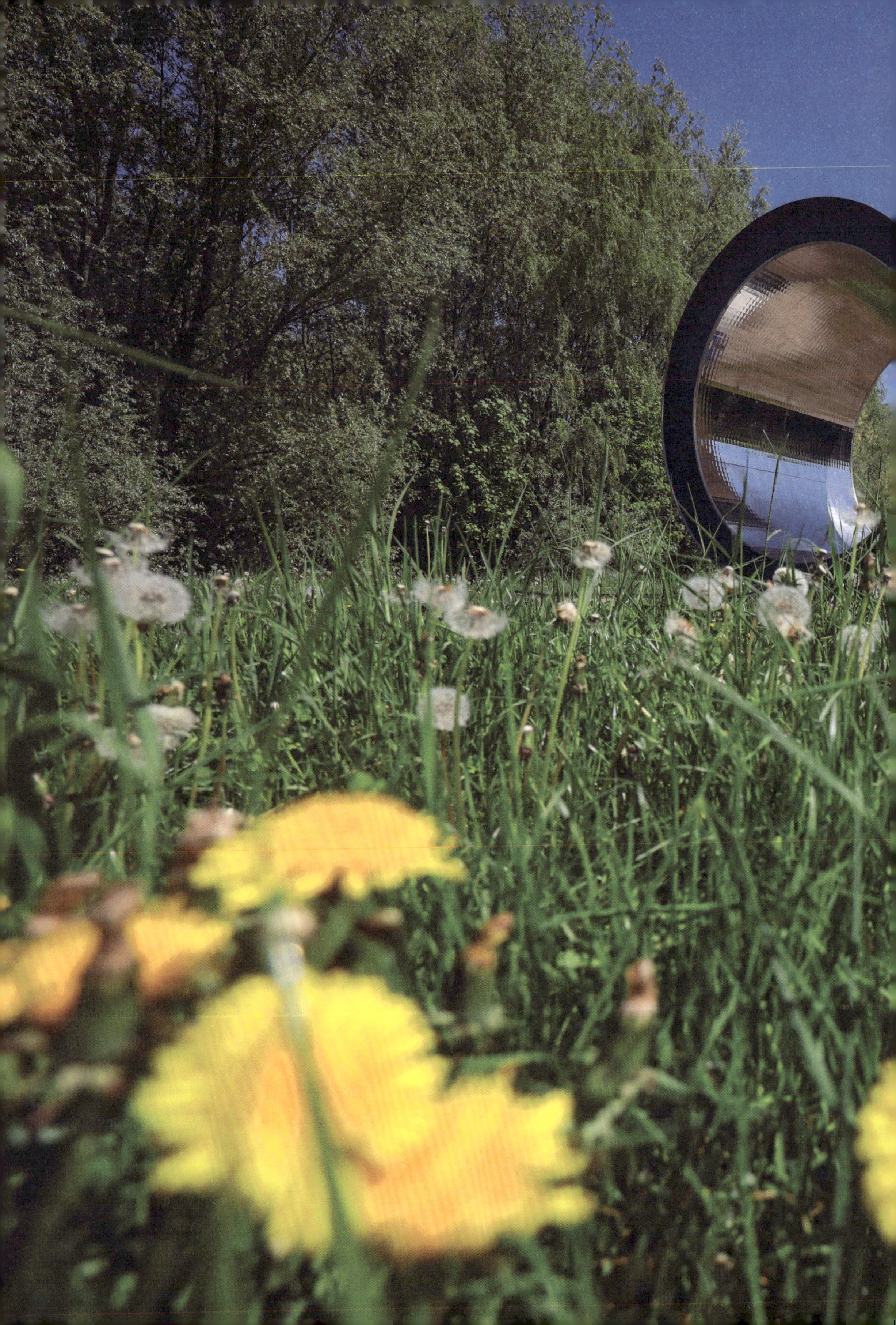

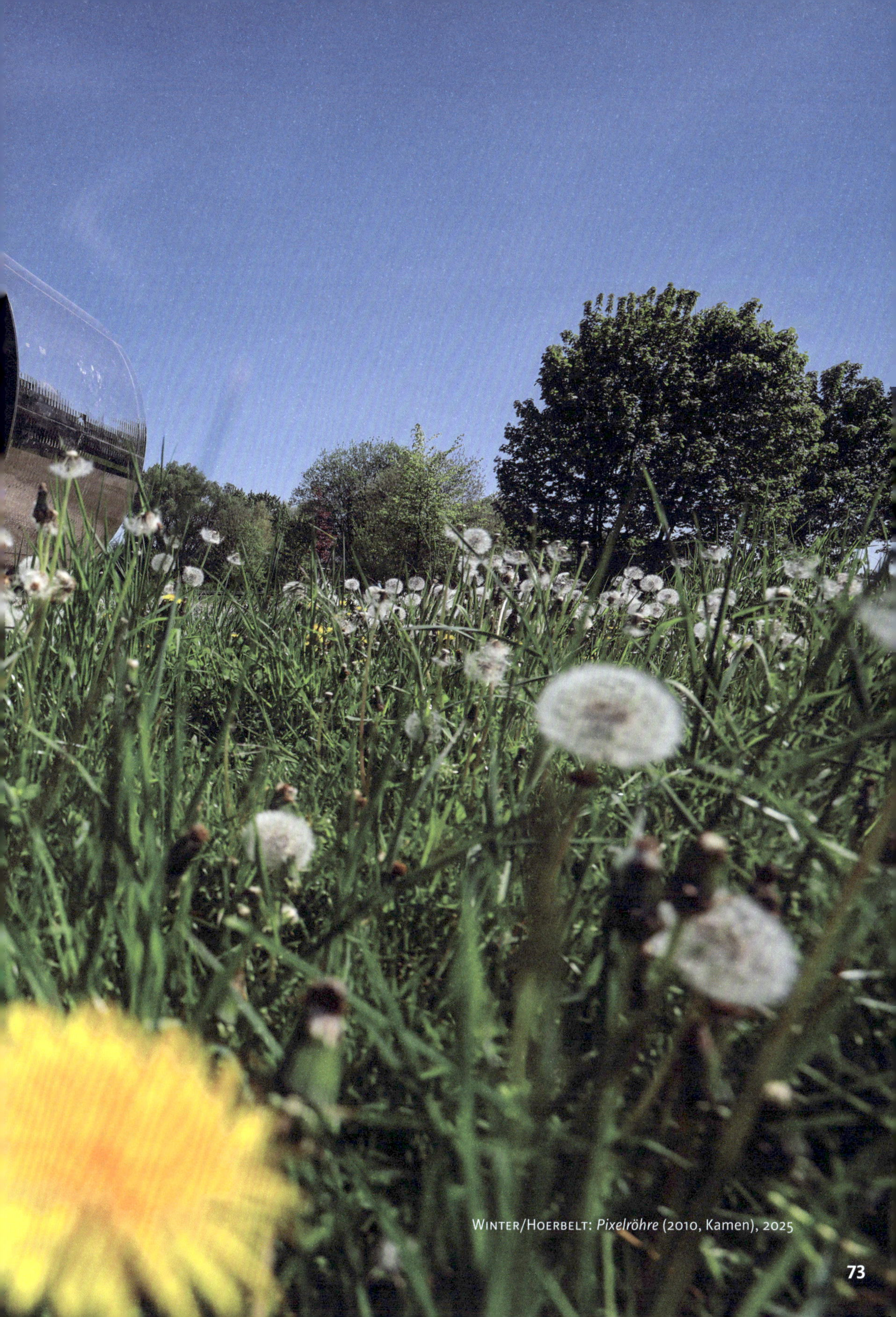

Winter/Hoerbelt: *Pixelröhre* (2010, Kamen), 2025

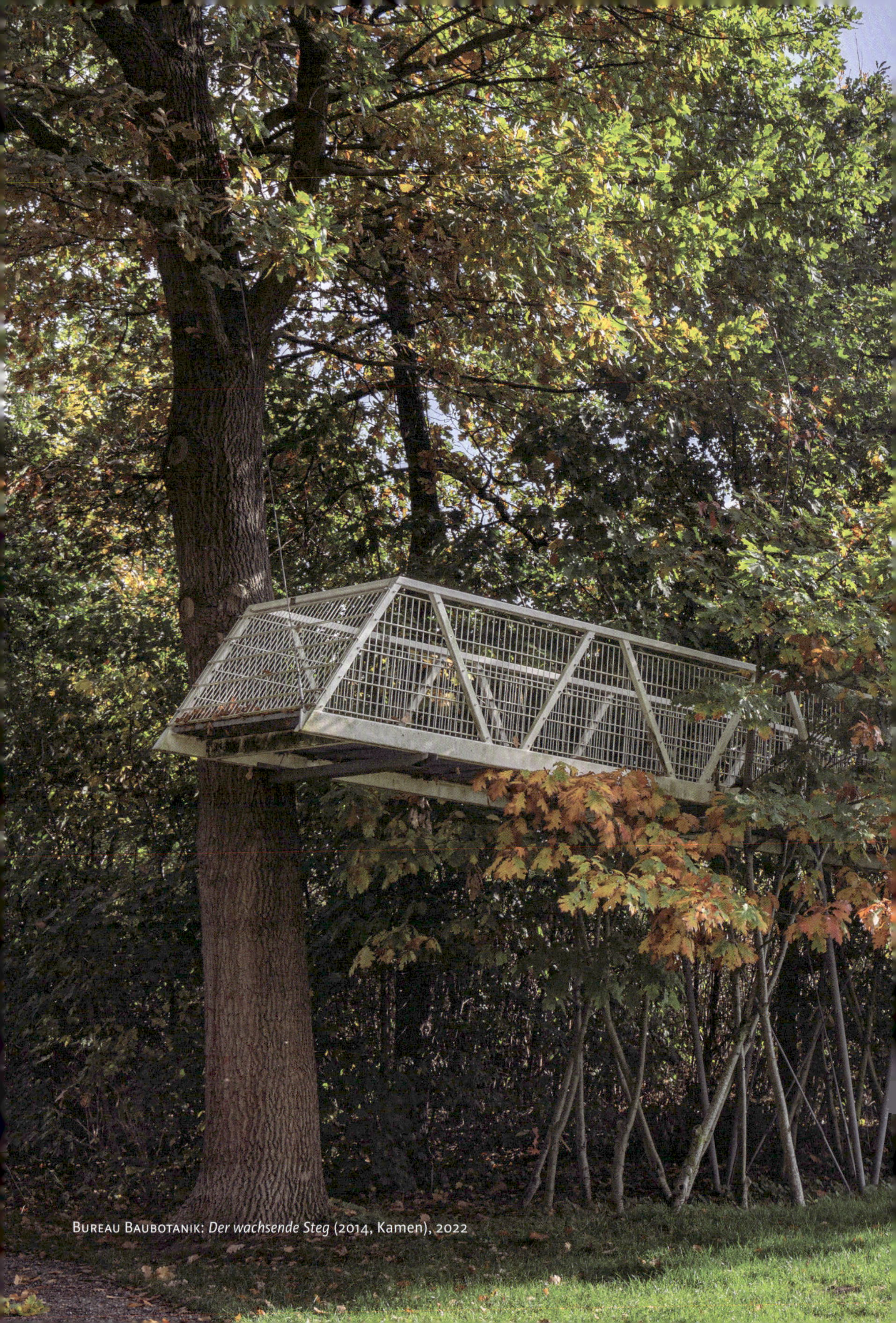

Bureau Baubotanik: *Der wachsende Steg* (2014, Kamen), 2022

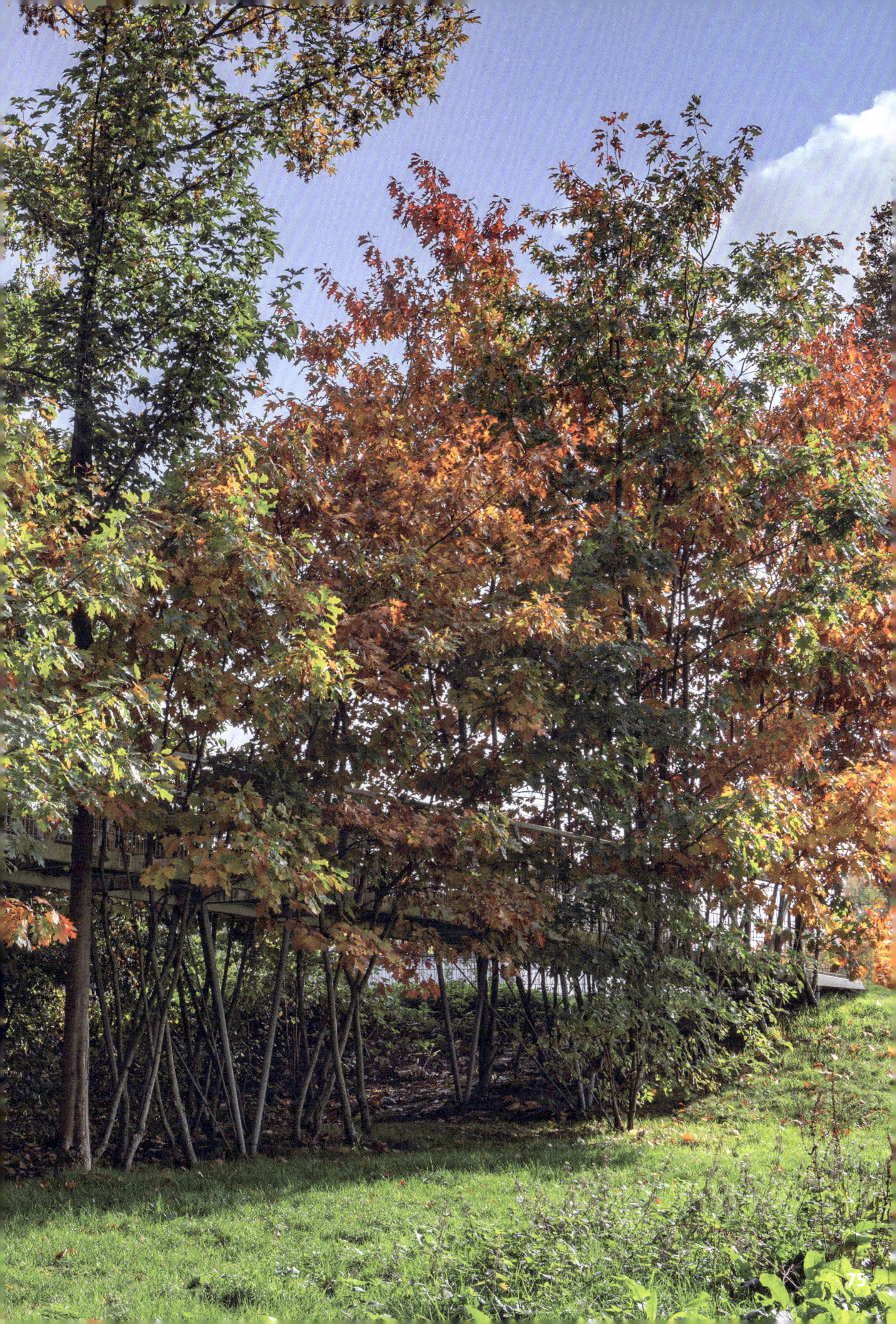

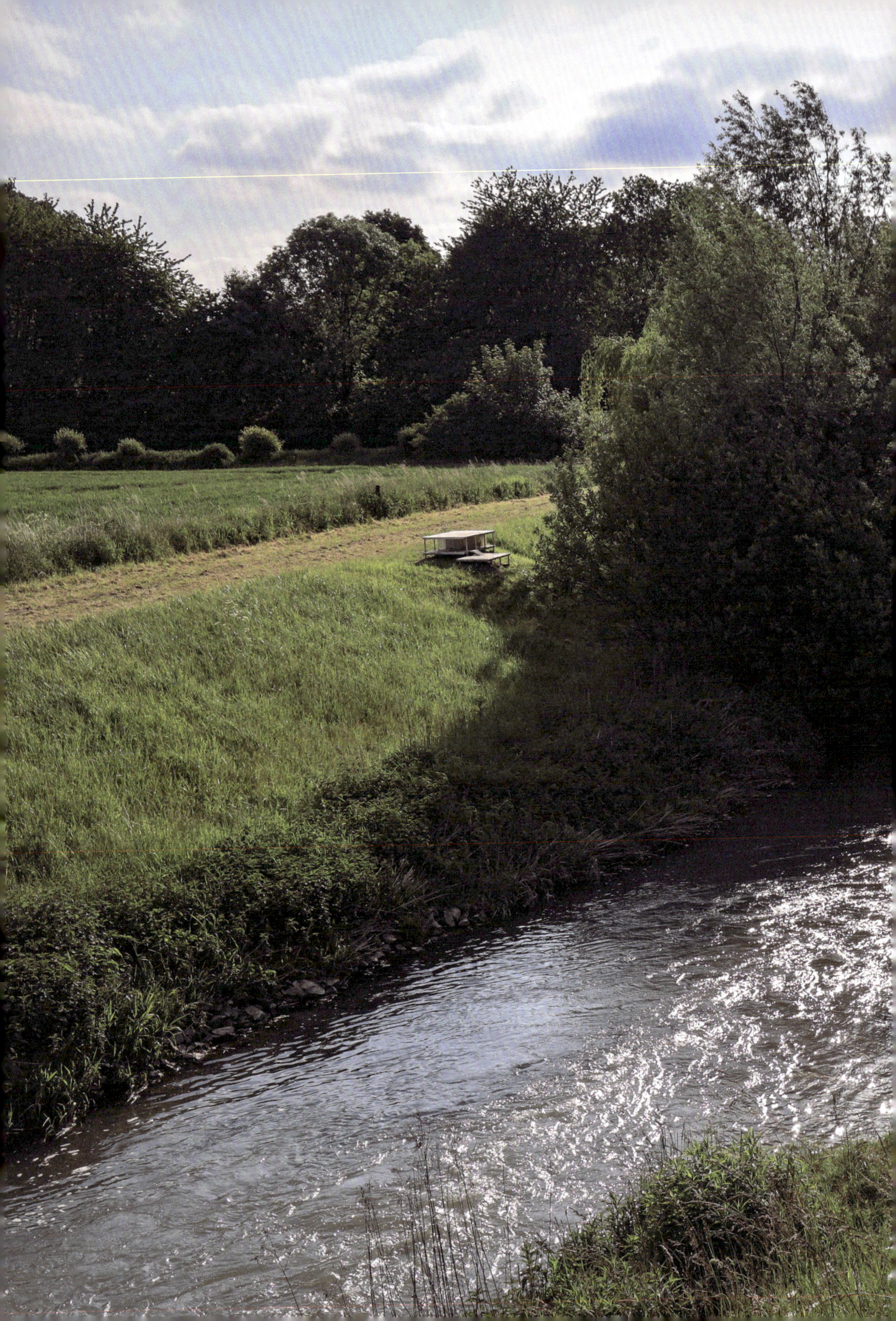

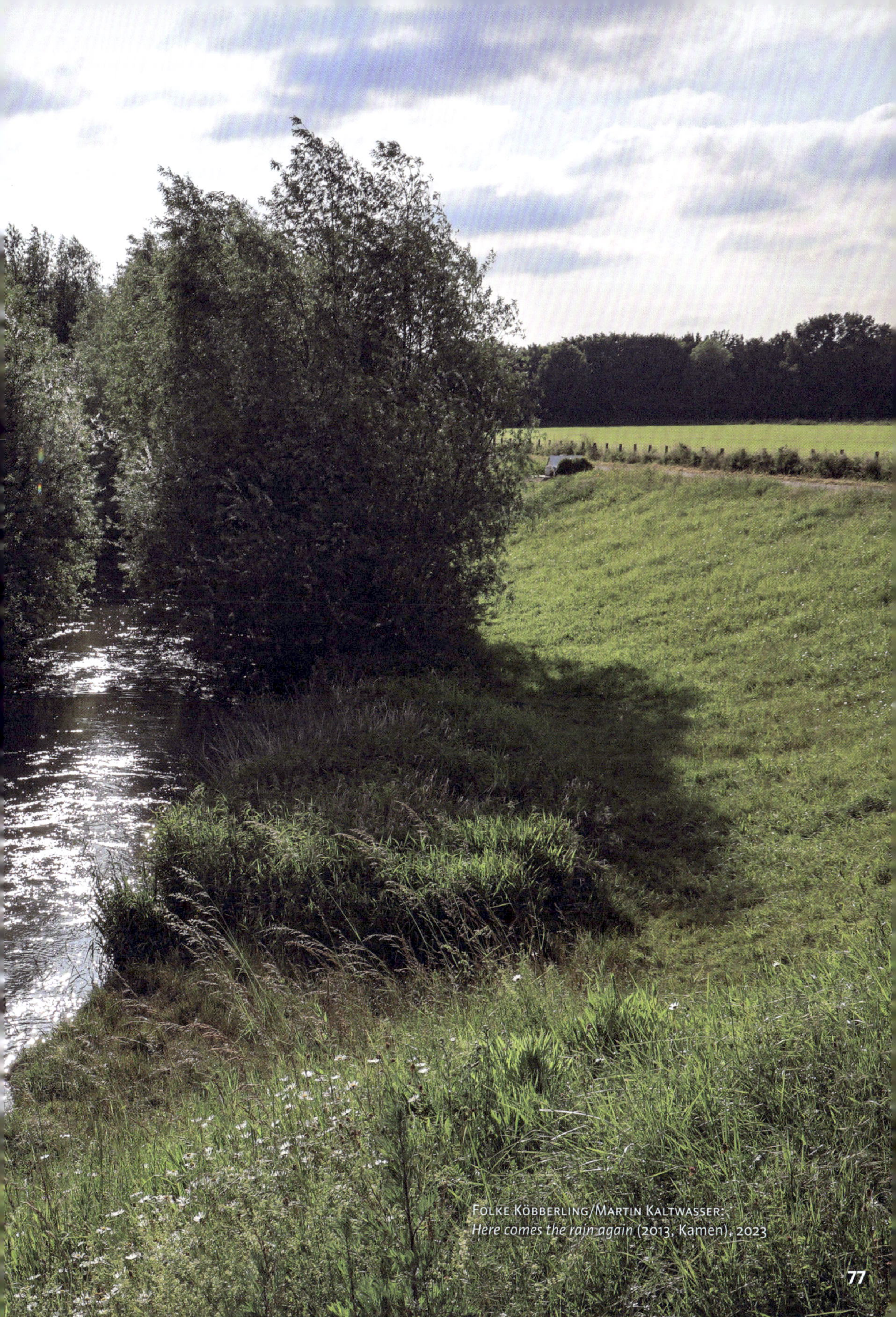

Folke Köbberling/Martin Kaltwasser:
Here comes the rain again (2013, Kamen), 2023

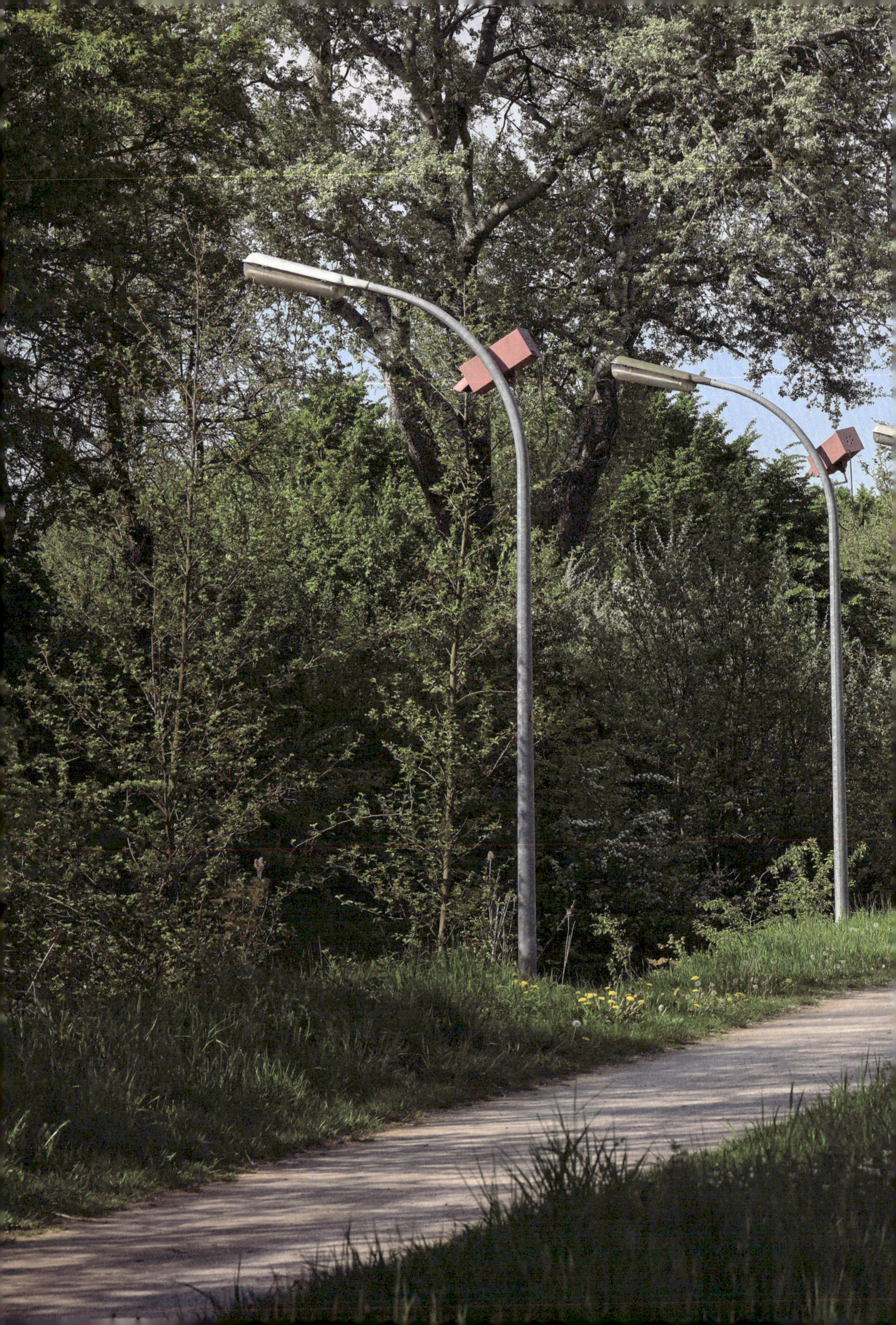

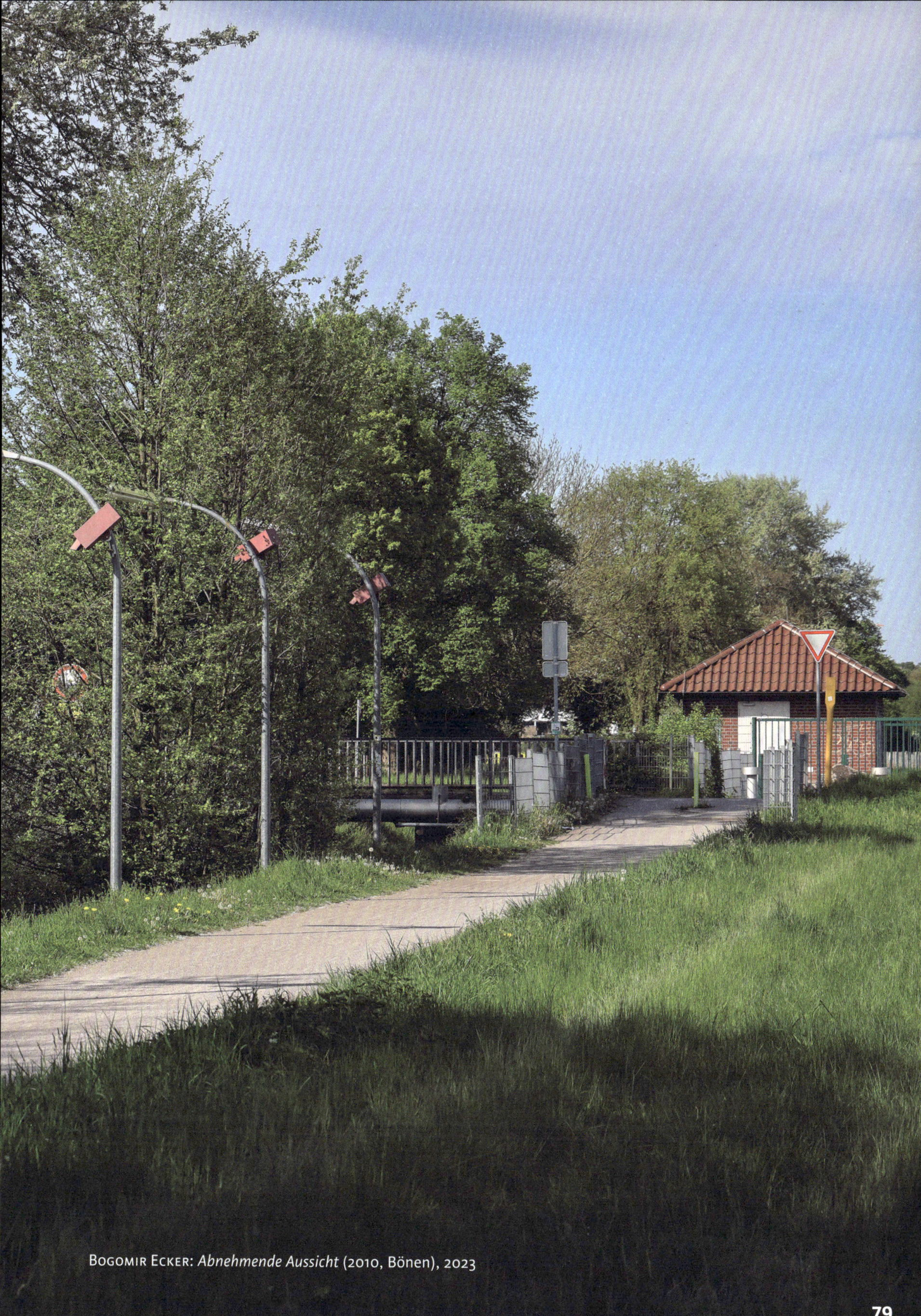

Bogomir Ecker: *Abnehmende Aussicht* (2010, Bönen), 2023

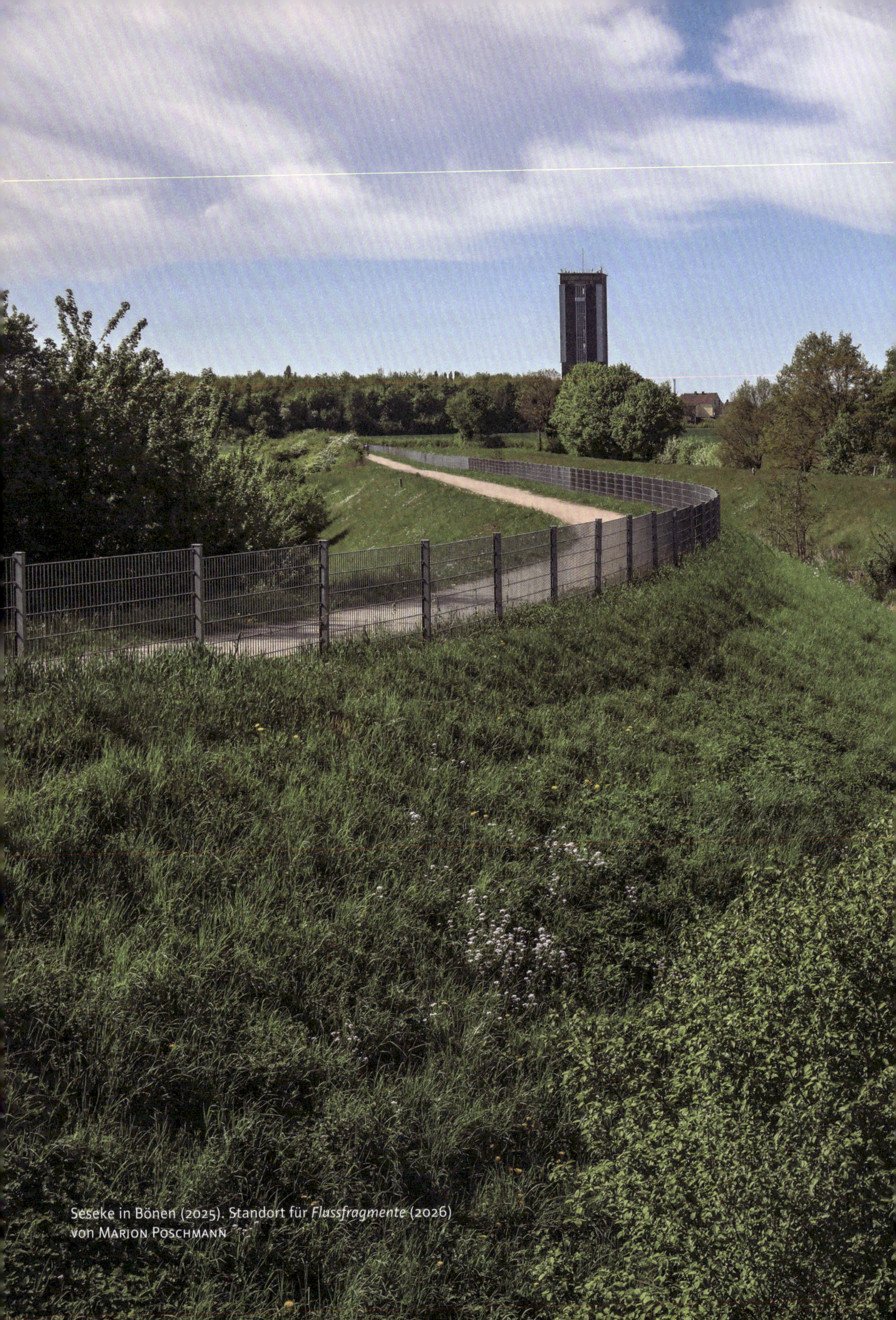

Seseke in Bönen (2025). Standort für *Flussfragmente* (2026)
von Marion Poschmann

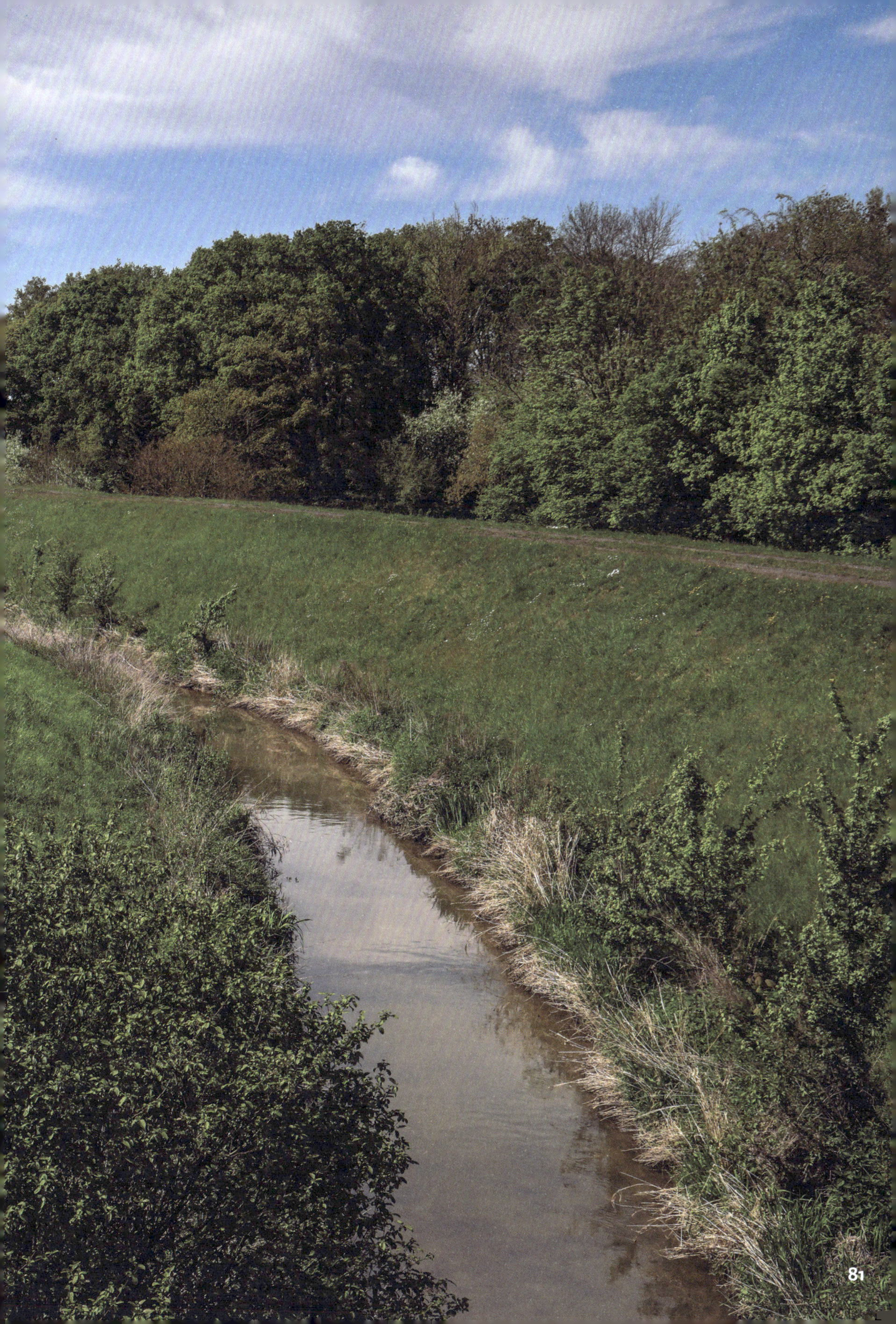

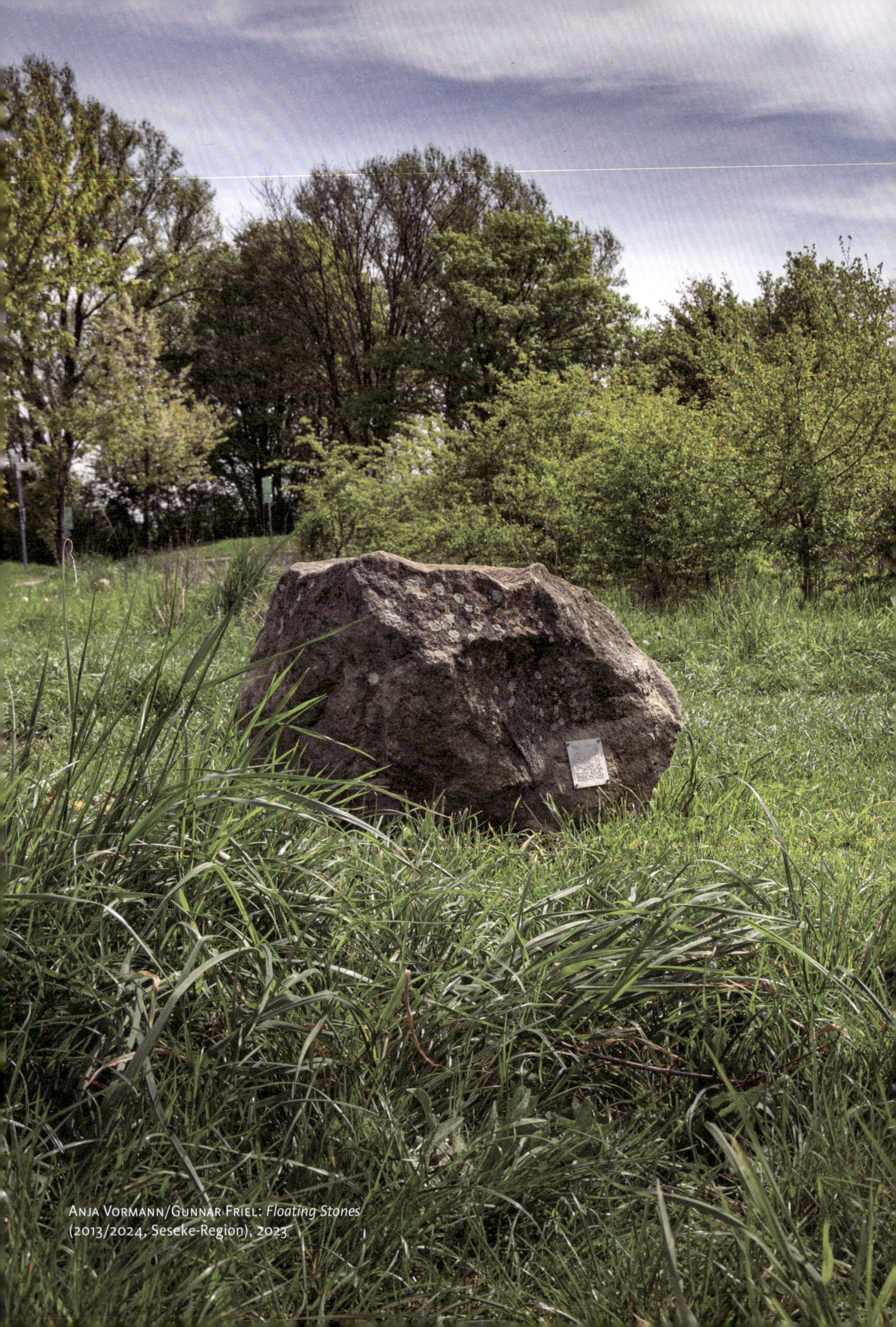

Anja Vormann/Gunnar Friel: *Floating Stones*
(2013/2024, Seseke-Region), 2023

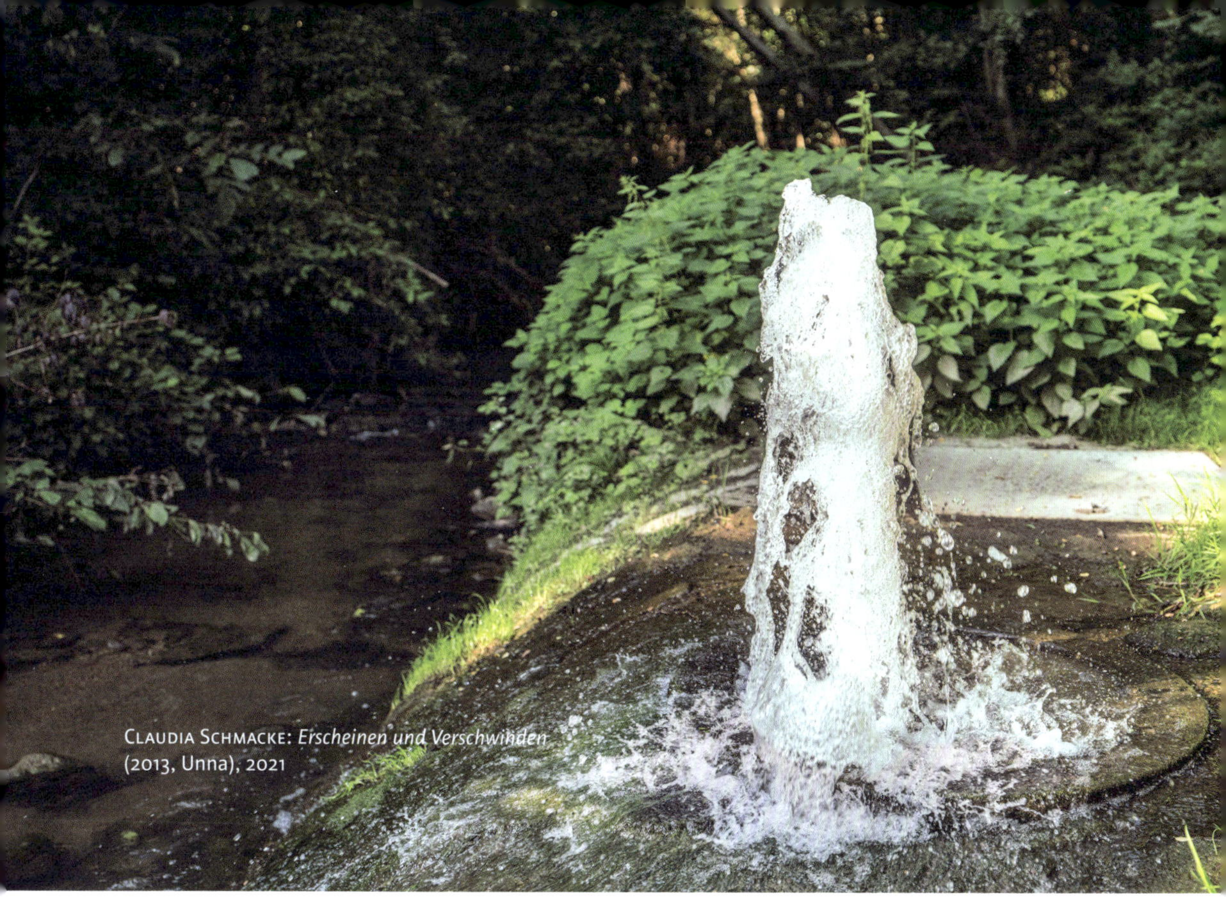

Claudia Schmacke: *Erscheinen und Verschwinden*
(2013, Unna), 2021

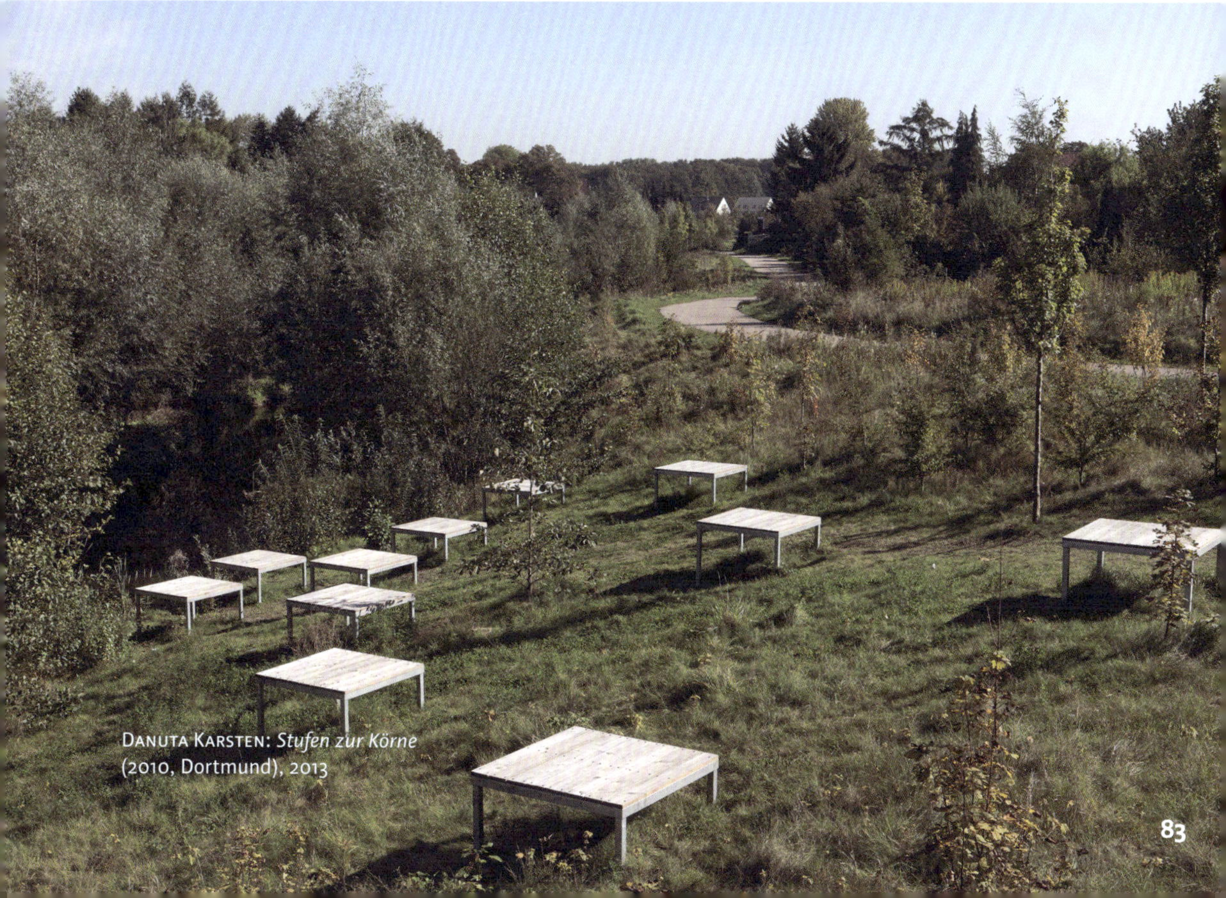

Danuta Karsten: *Stufen zur Körne*
(2010, Dortmund), 2013

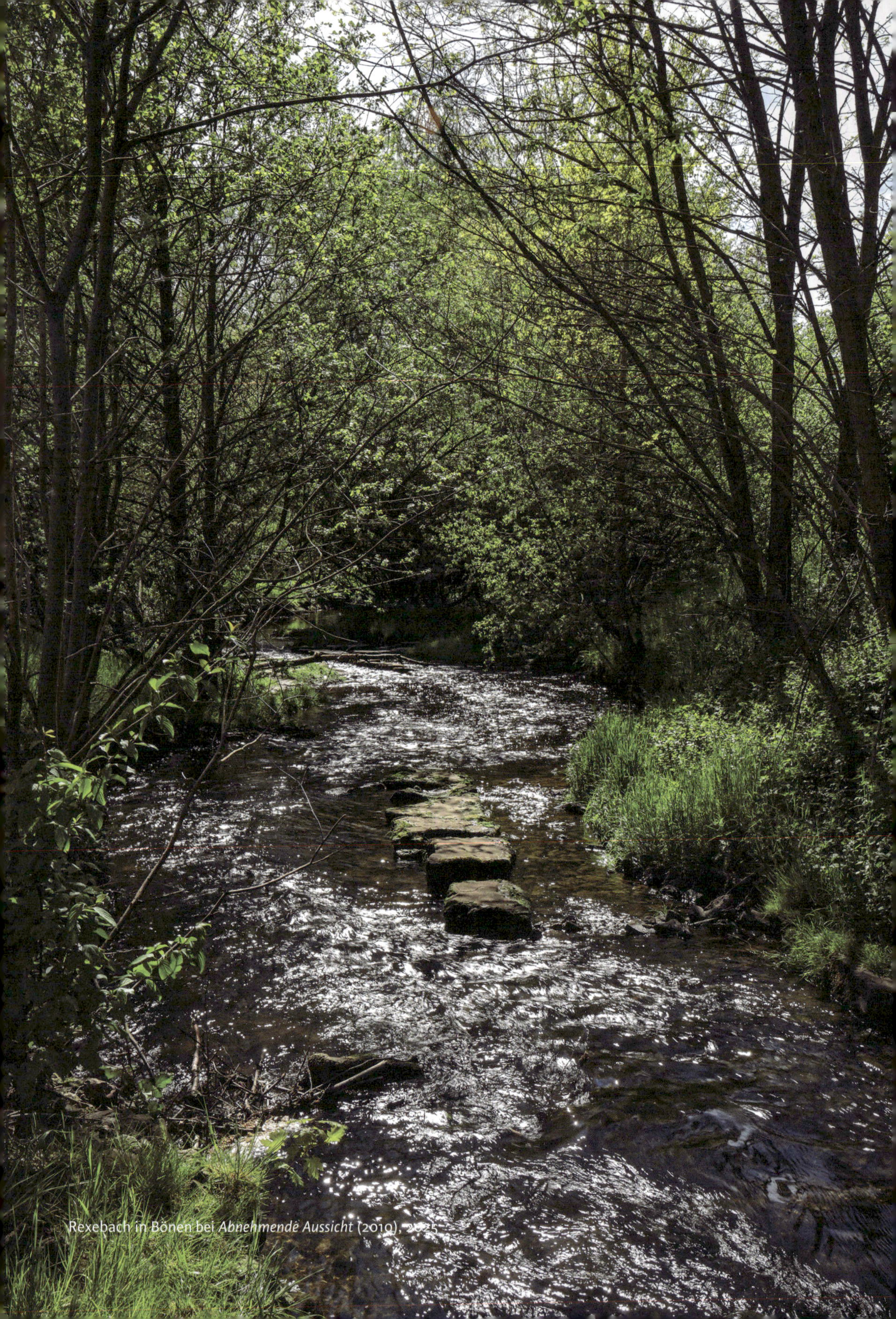

Rexebach in Bönen bei *Abnehmende Aussicht* (2010), 2025

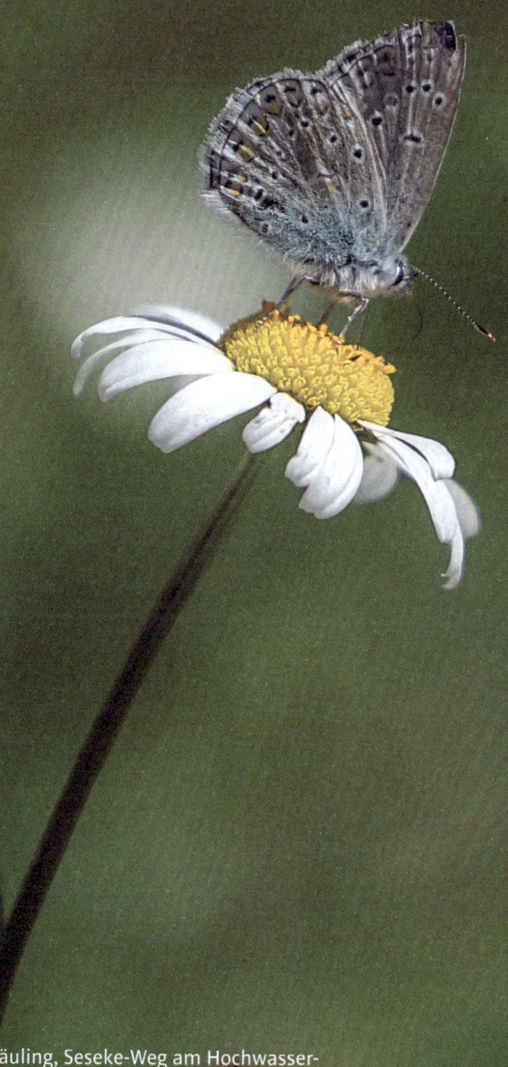

Hauhechel-Bläuling, Seseke-Weg am Hochwasser-
rückhaltebecken Bönen-Seseke, 2025

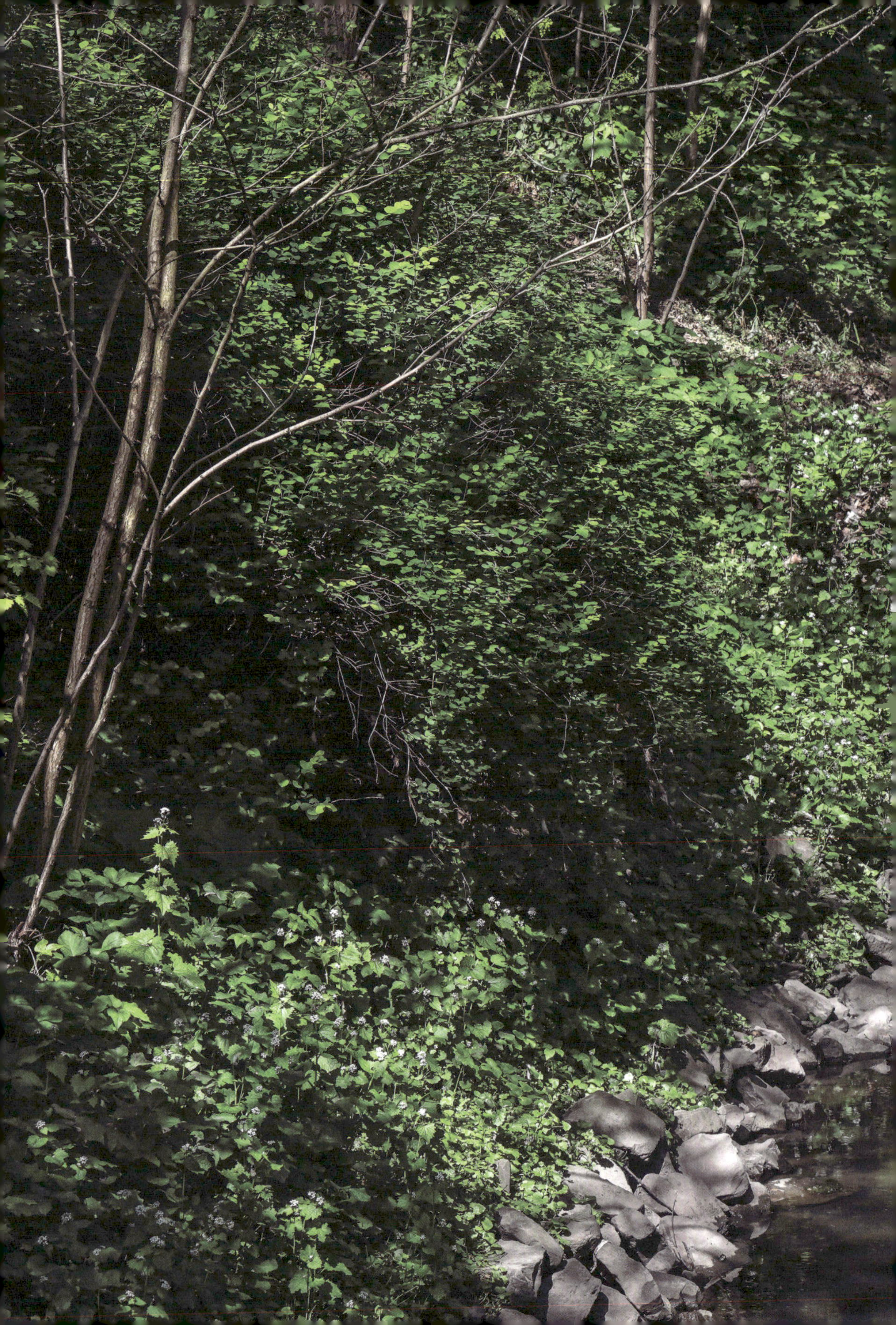

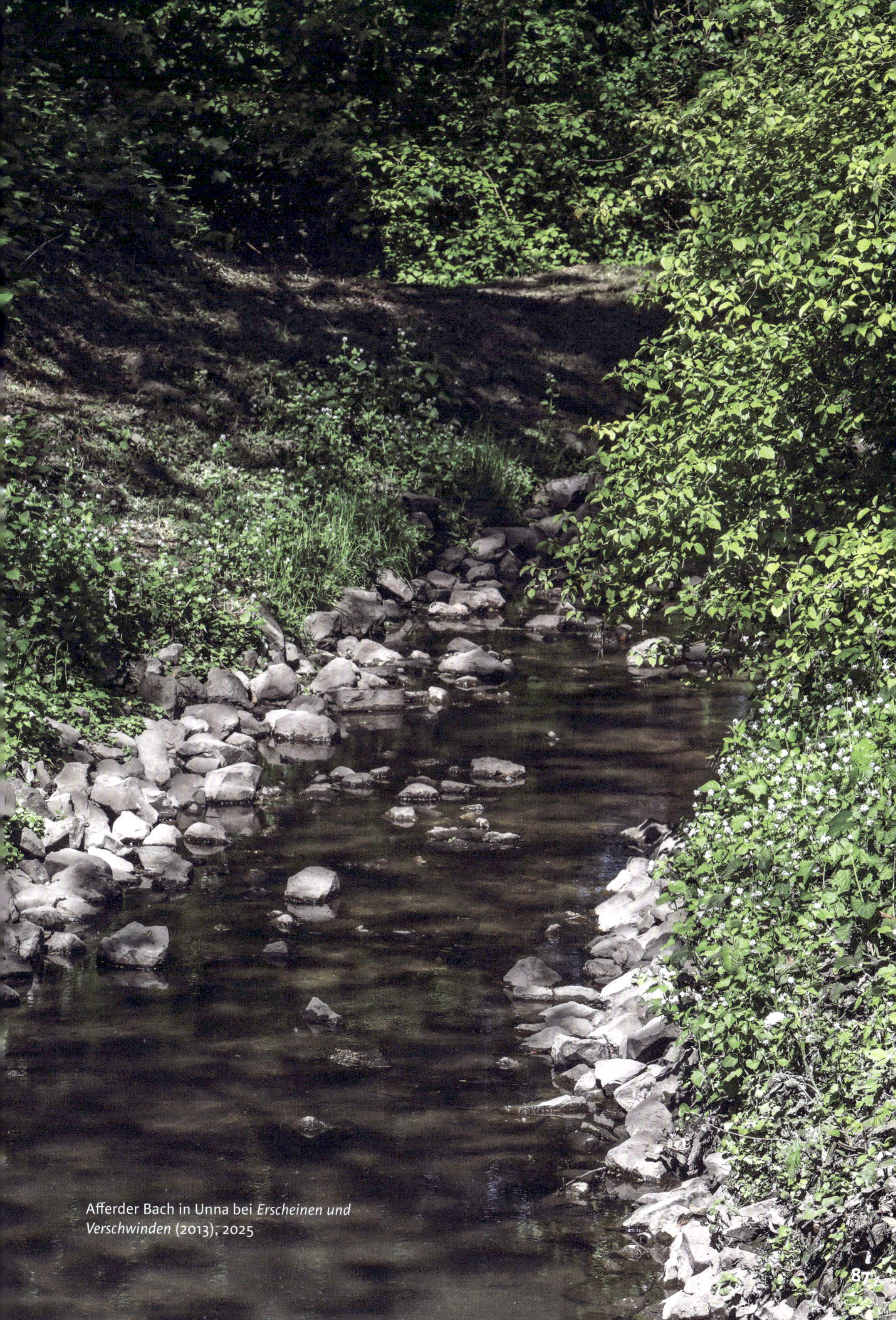

Afferder Bach in Unna bei *Erscheinen und Verschwinden* (2013), 2025

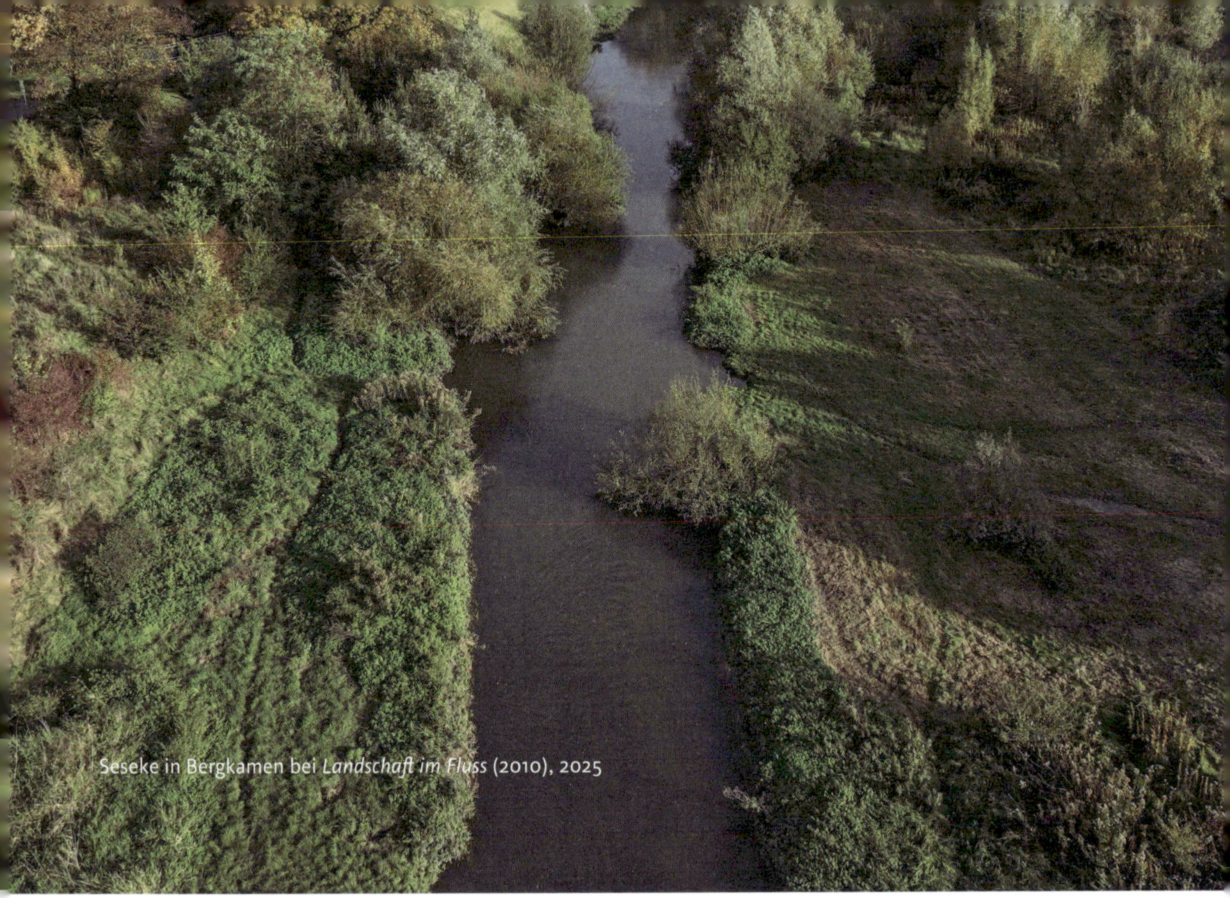

Seseke in Bergkamen bei *Landschaft im Fluss* (2010), 2025

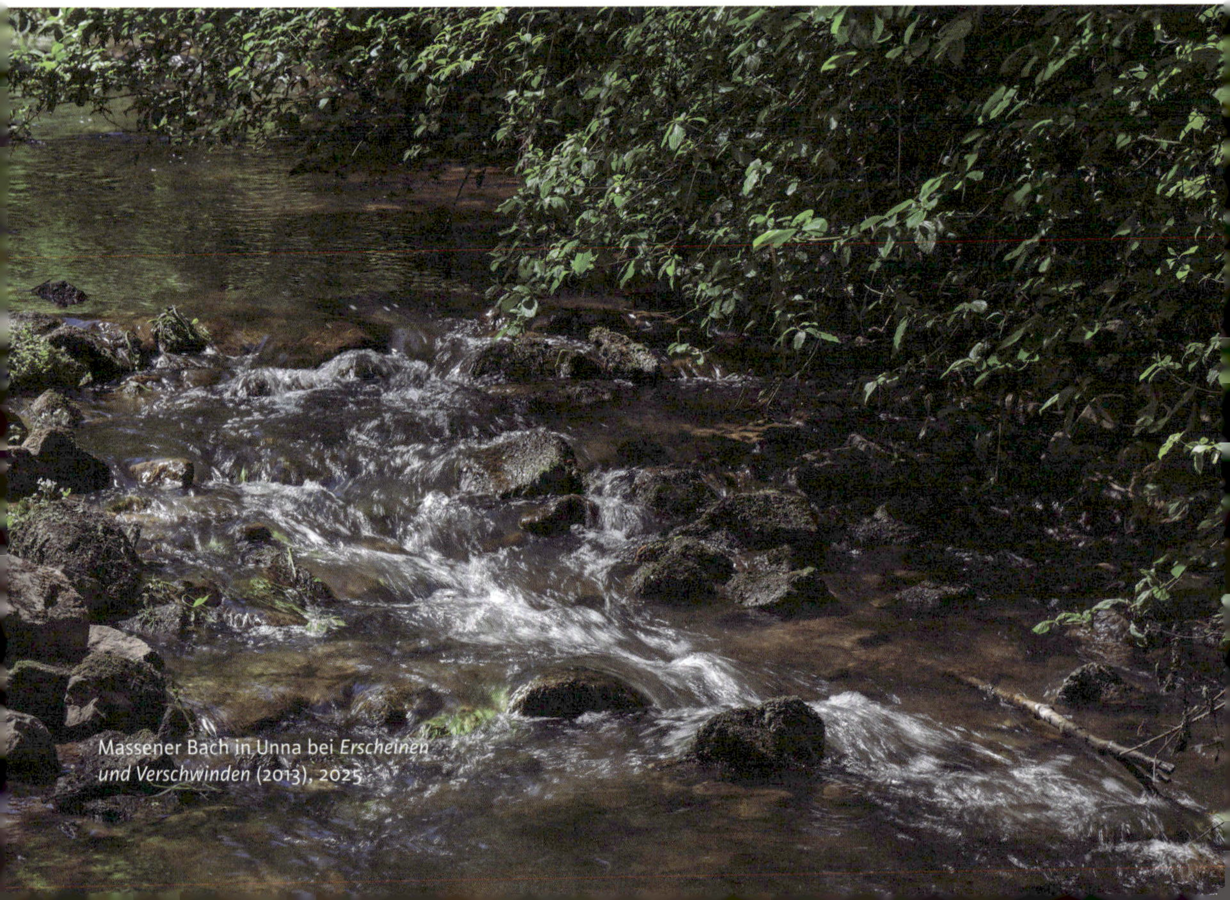

Massener Bach in Unna bei *Erscheinen und Verschwinden* (2013), 2025

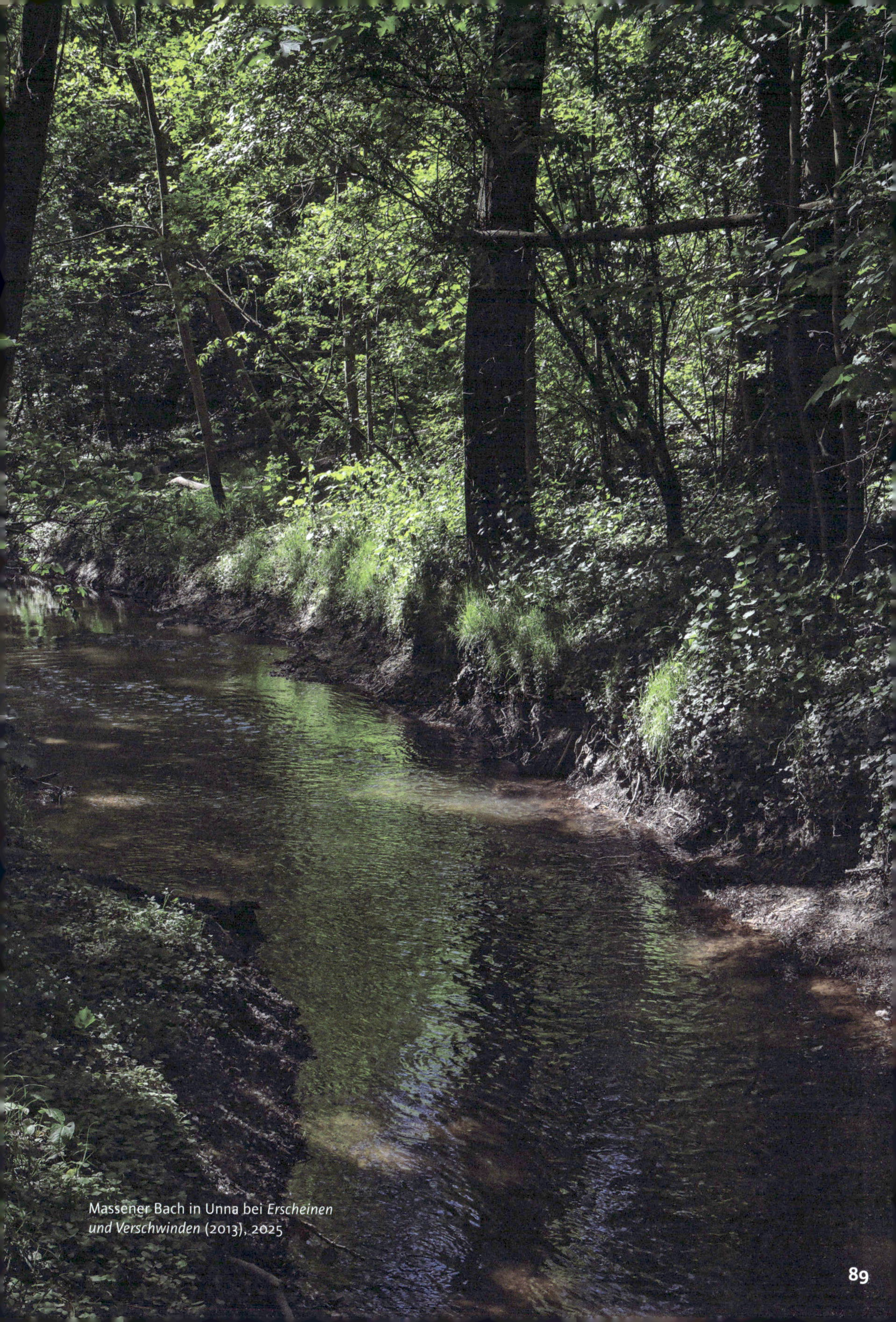

Massener Bach in Unna bei *Erscheinen und Verschwinden* (2013), 2025

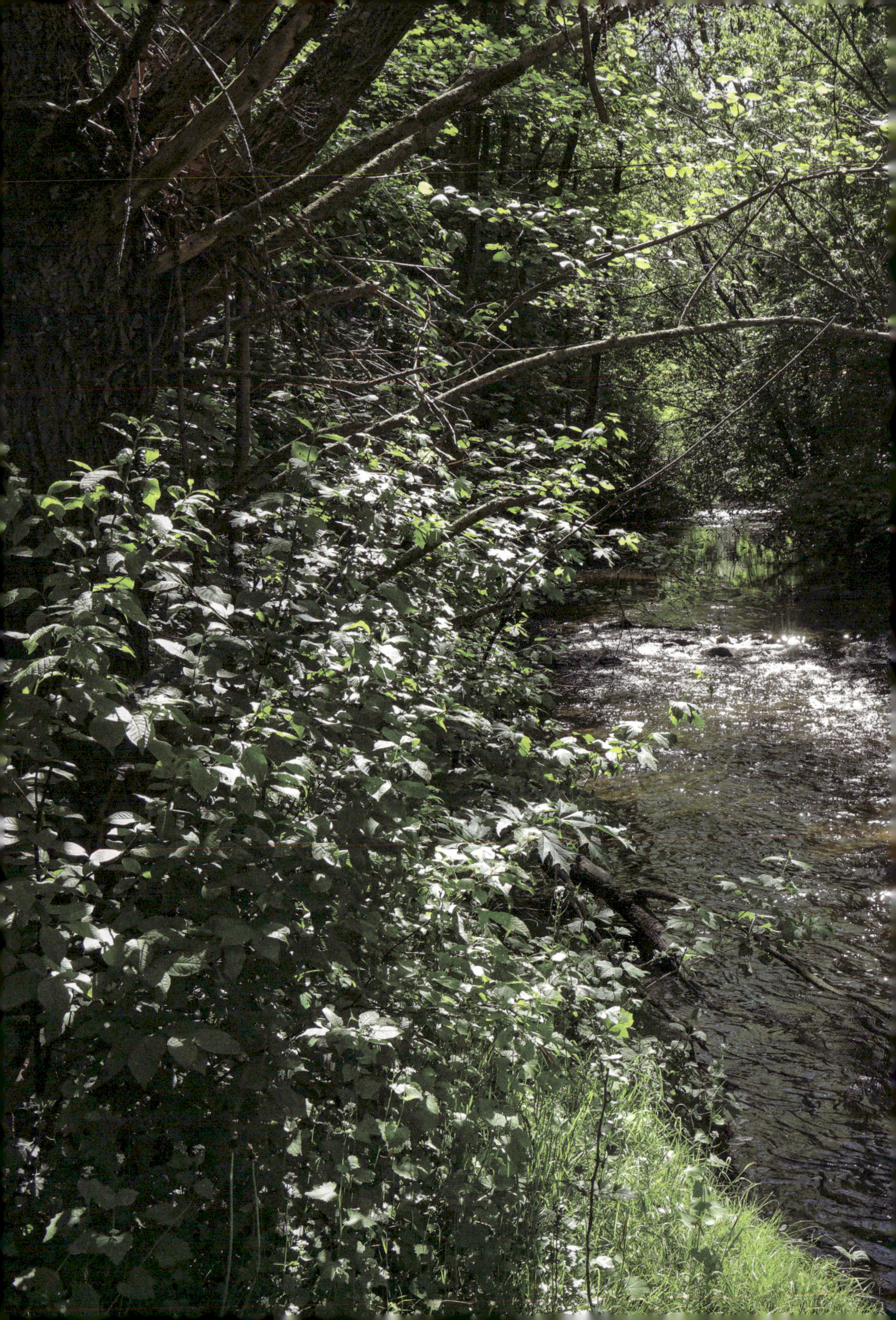

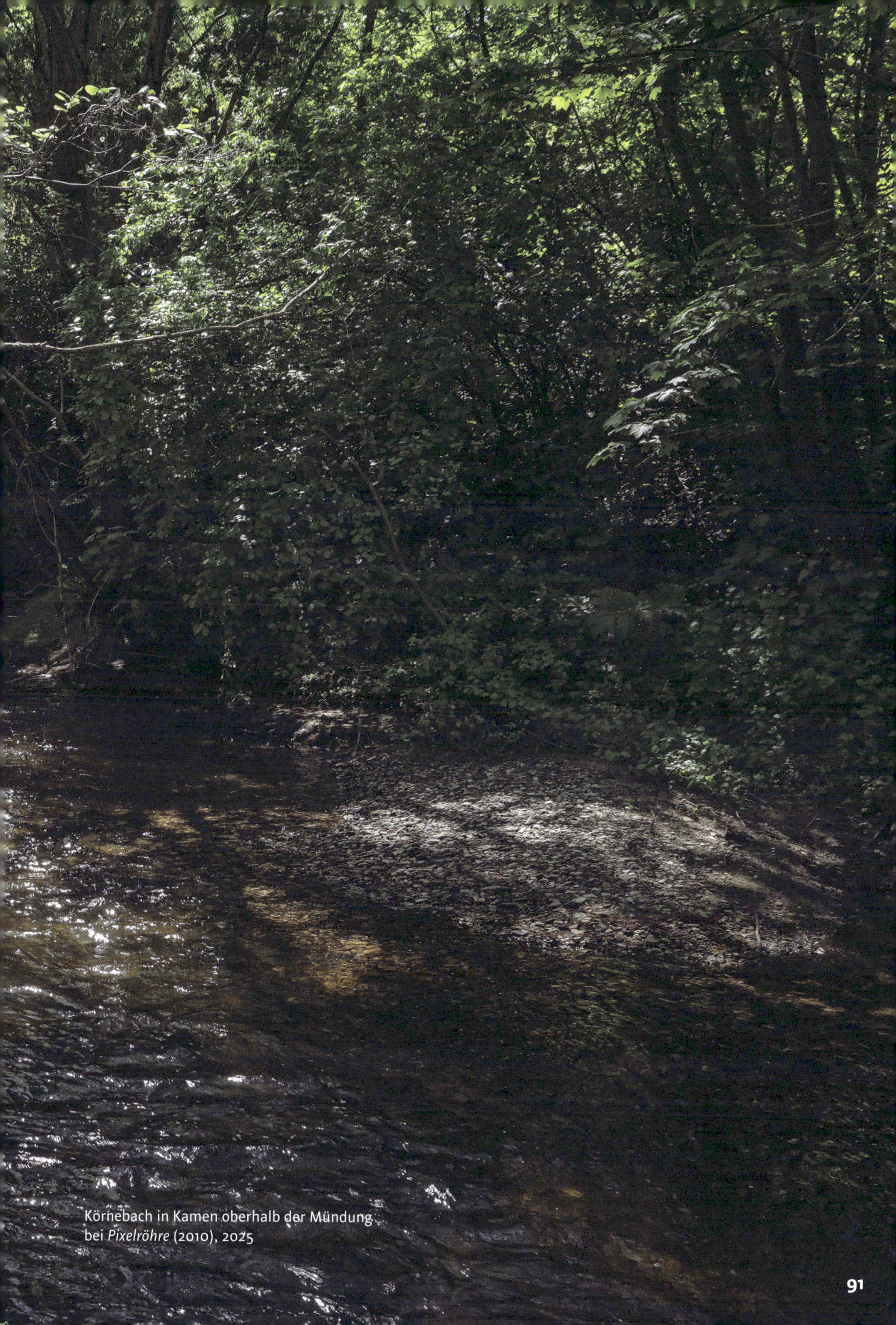

Körnebach in Kamen oberhalb der Mündung
bei *Pixelröhre* (2010), 2025

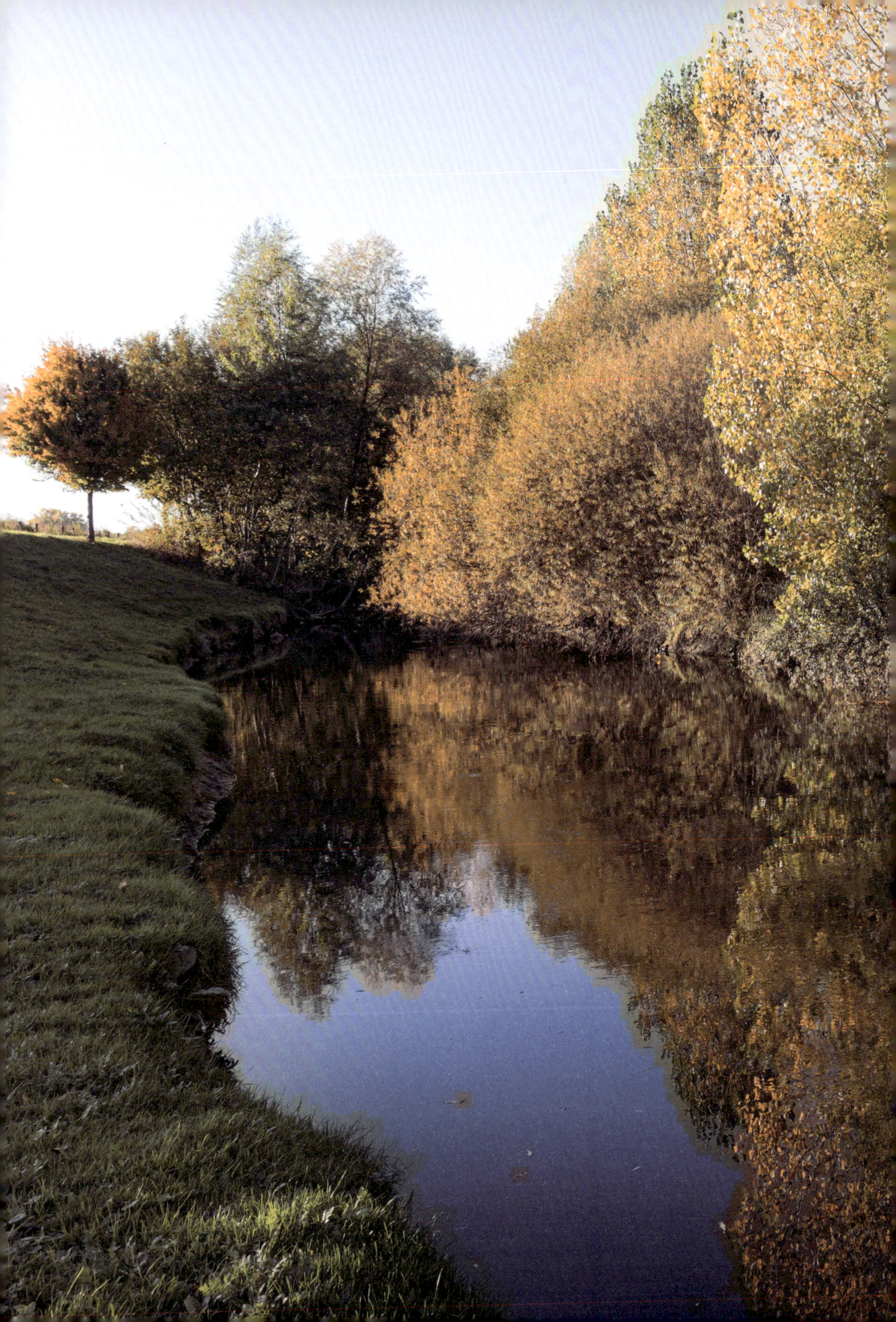

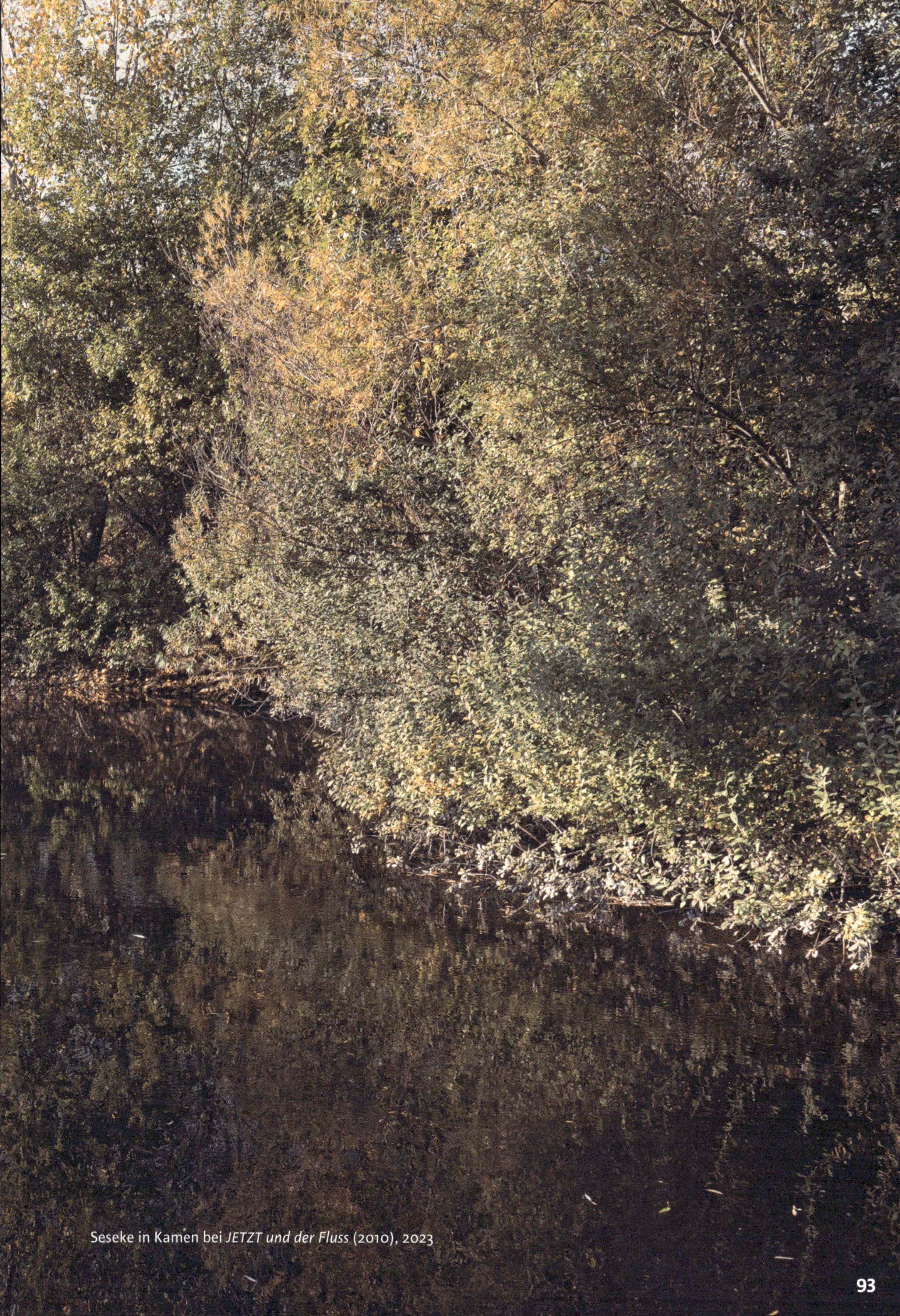

Seseke in Kamen bei *JETZT und der Fluss* (2010), 2023

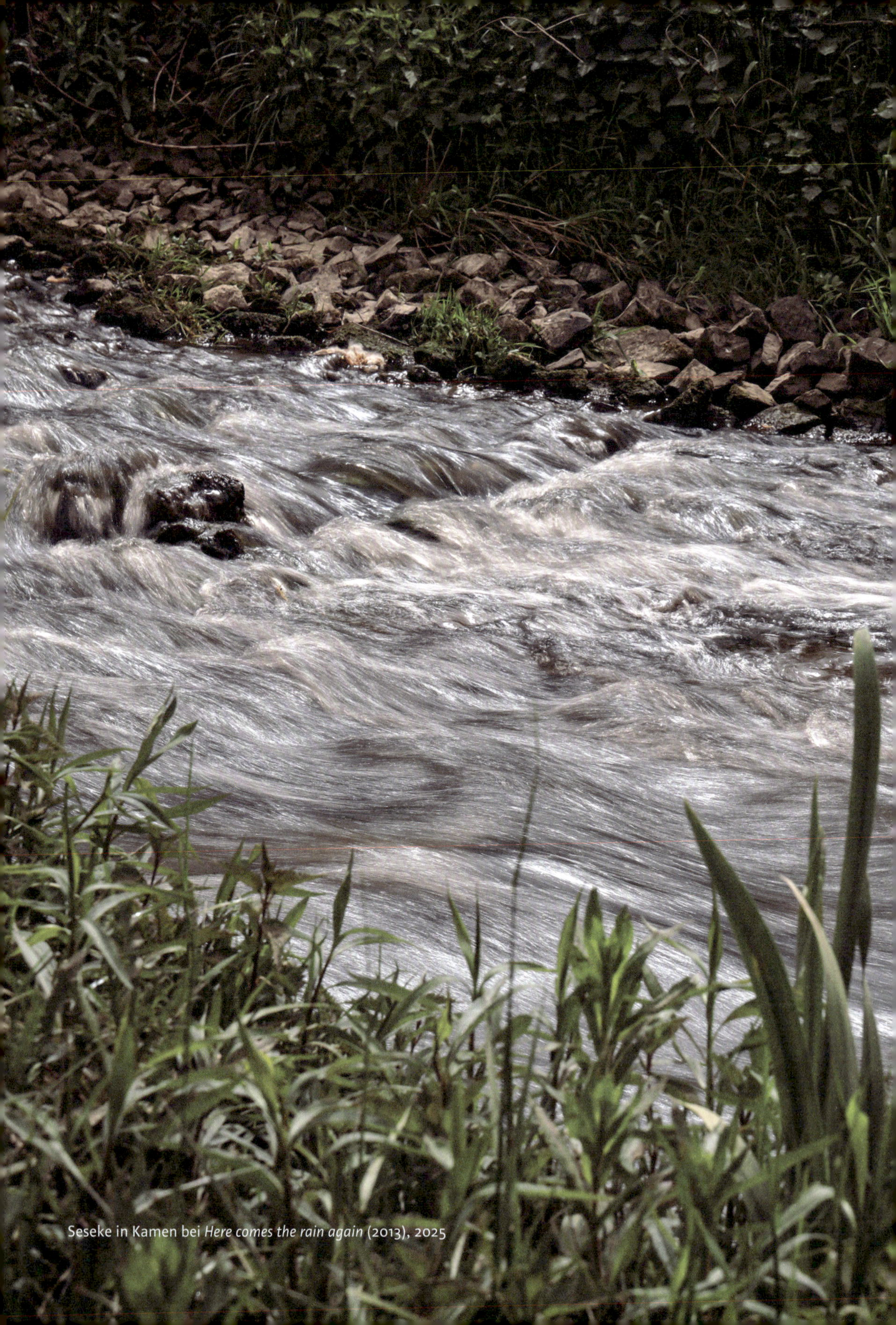

Seseke in Kamen bei *Here comes the rain again* (2013), 2025

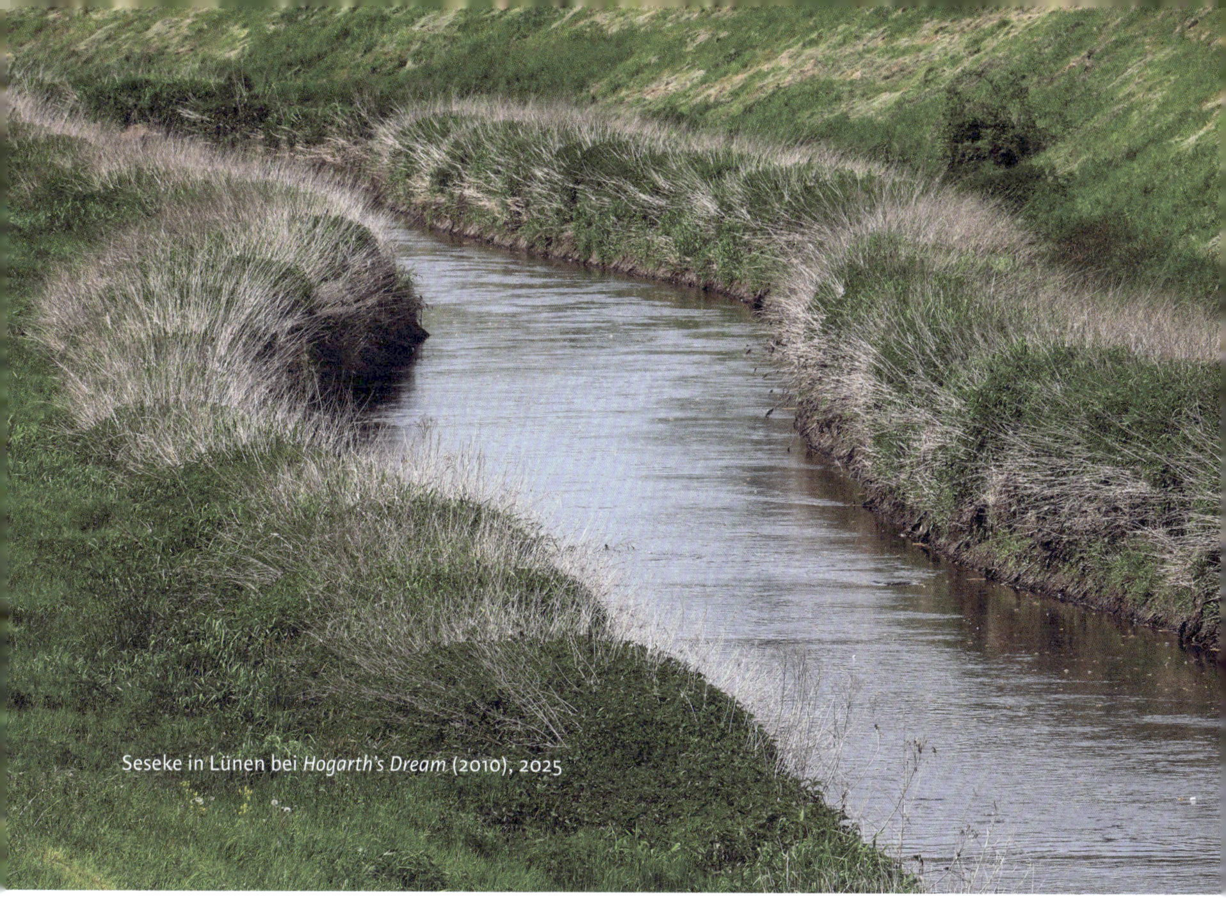

Seseke in Lünen bei *Hogarth's Dream* (2010), 2025

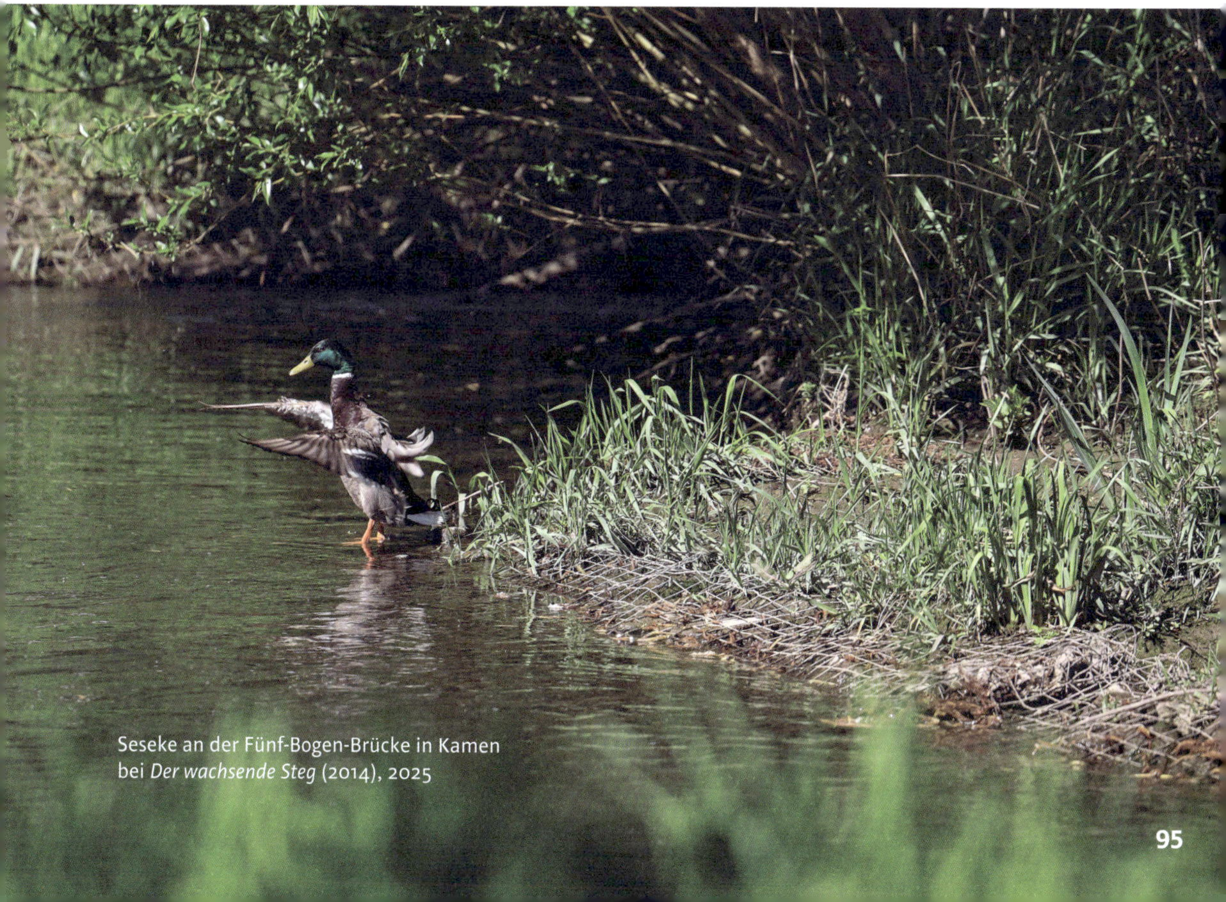

Seseke an der Fünf-Bogen-Brücke in Kamen
bei *Der wachsende Steg* (2014), 2025

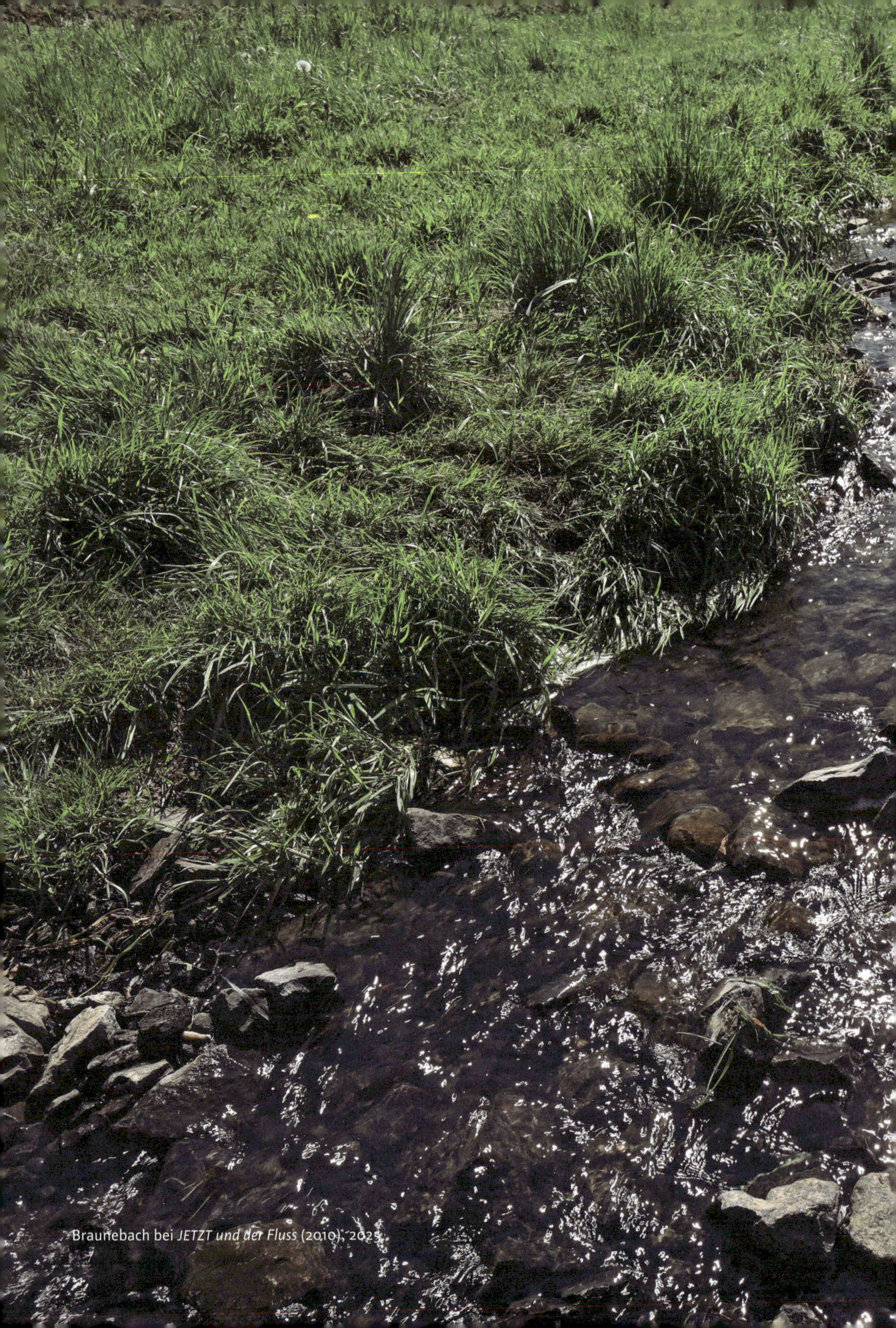

Braunebach bei *JETZT und der Fluss* (2010), 2025

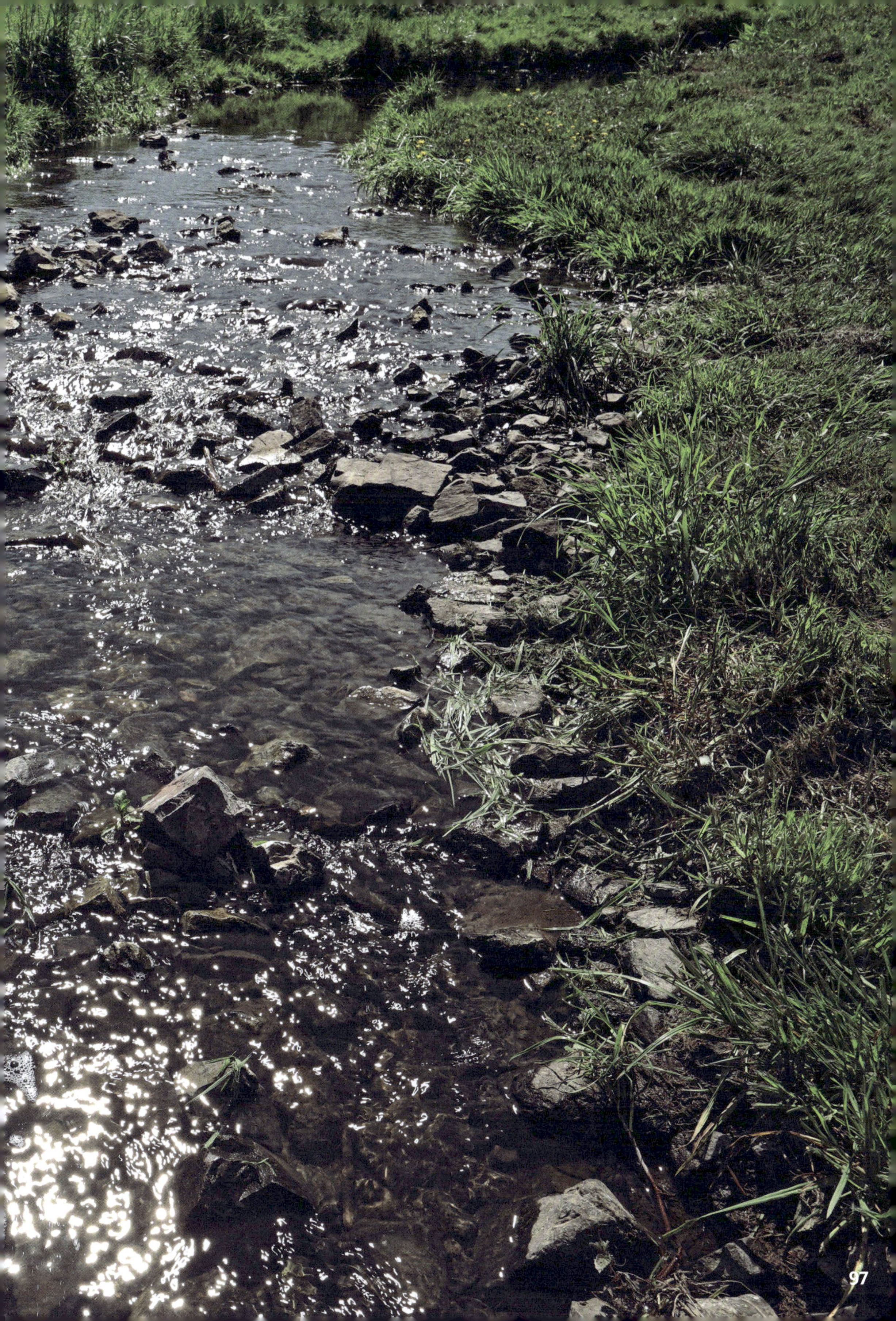

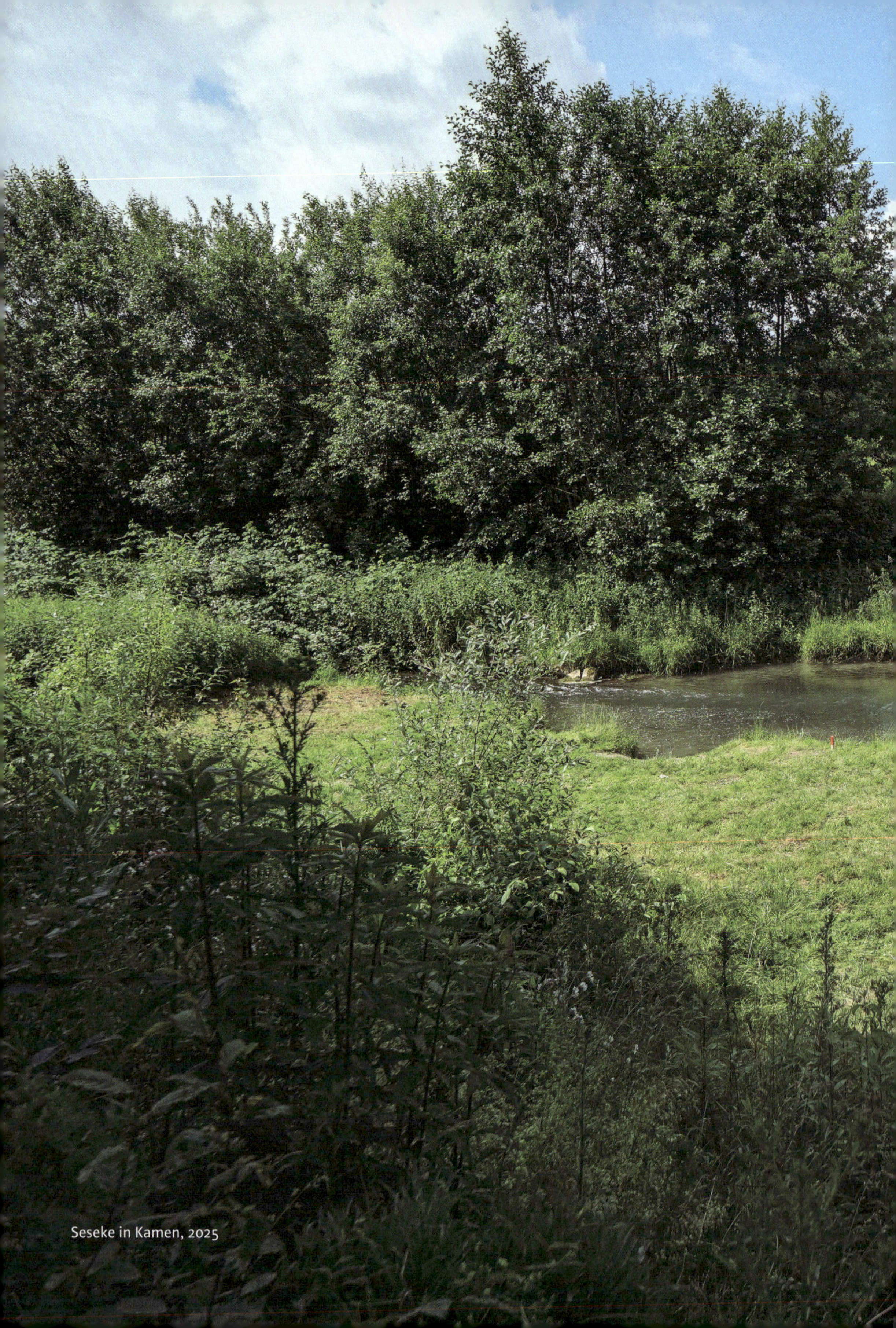

Seseke in Kamen, 2025

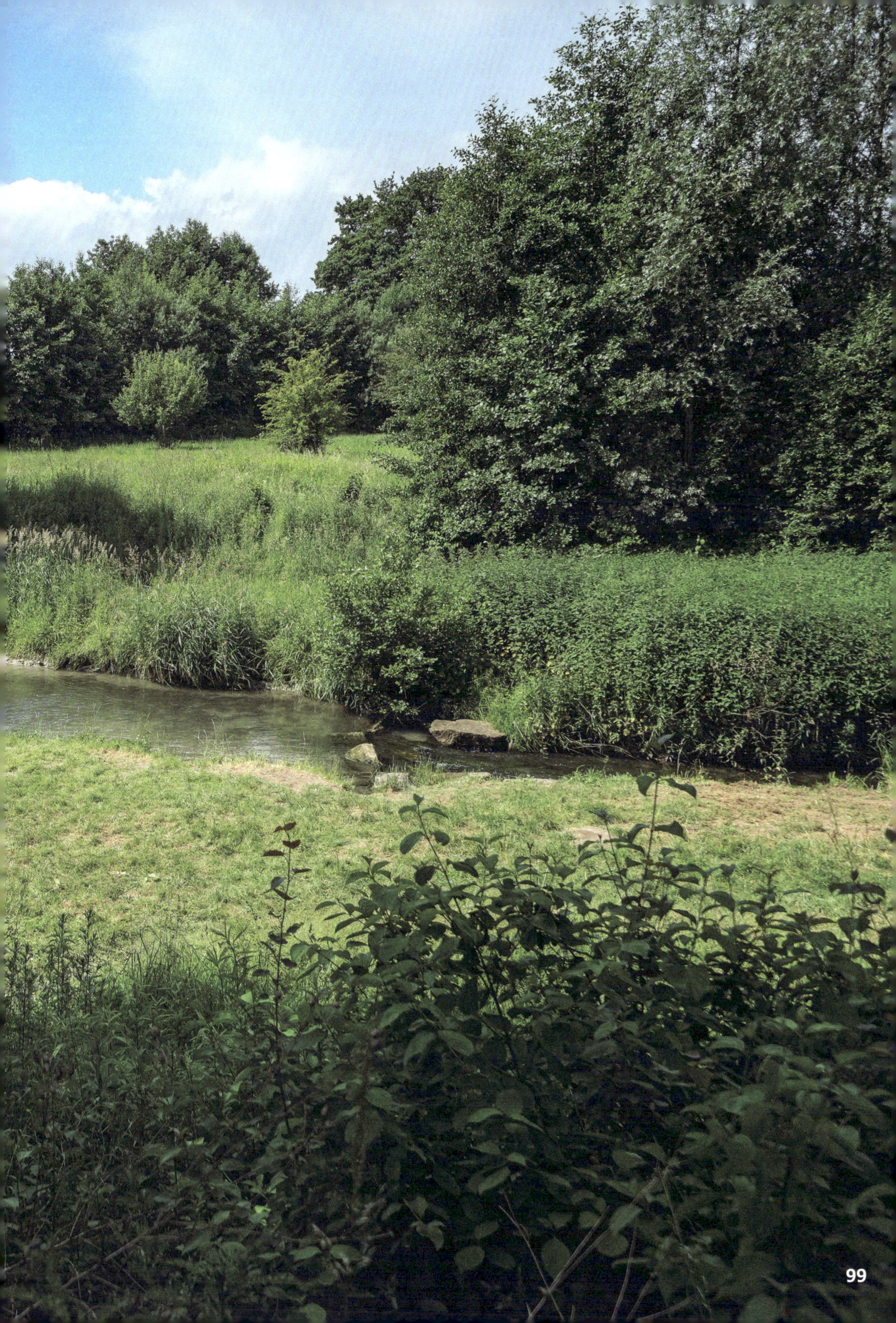

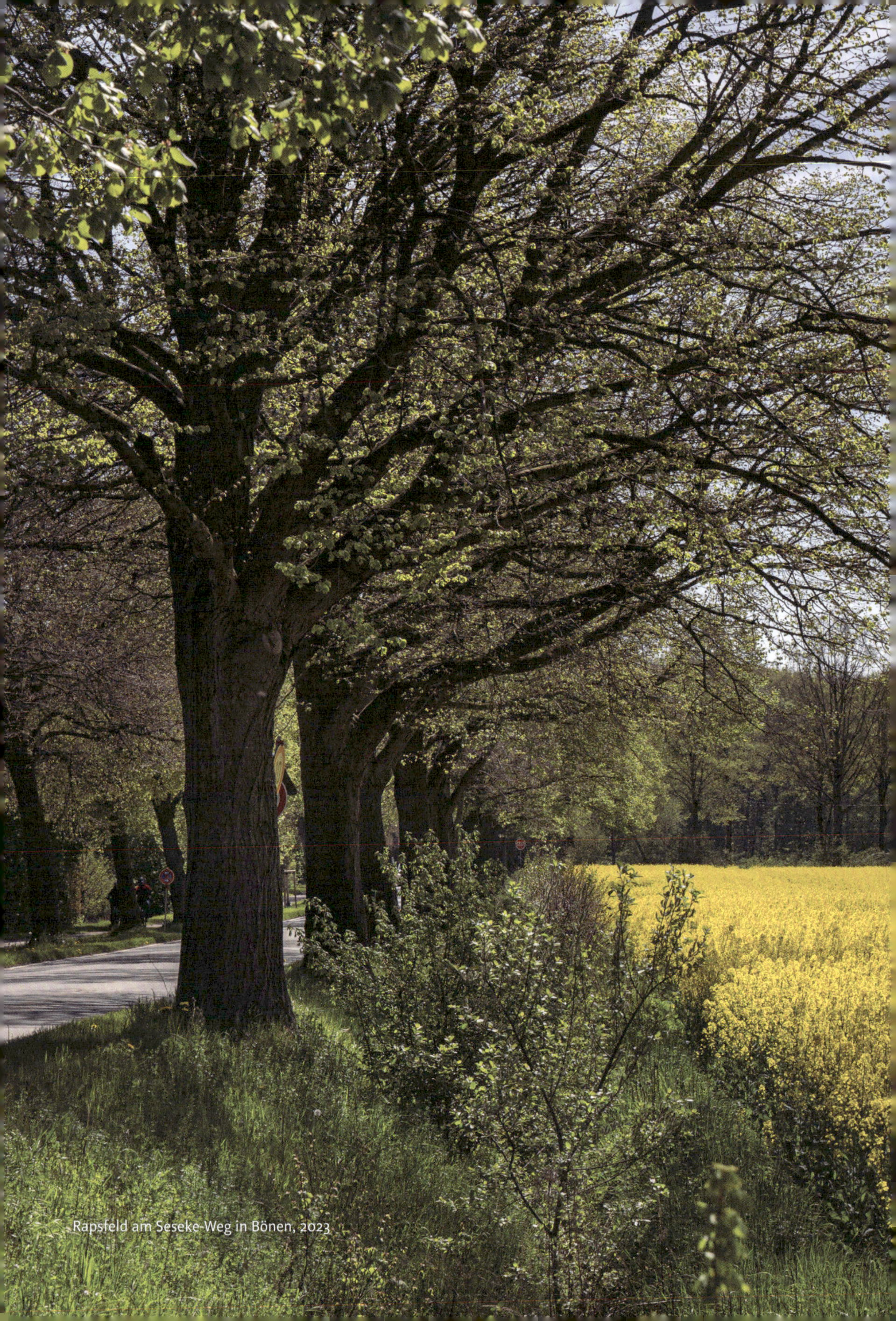

Rapsfeld am Seseke-Weg in Bönen, 2023

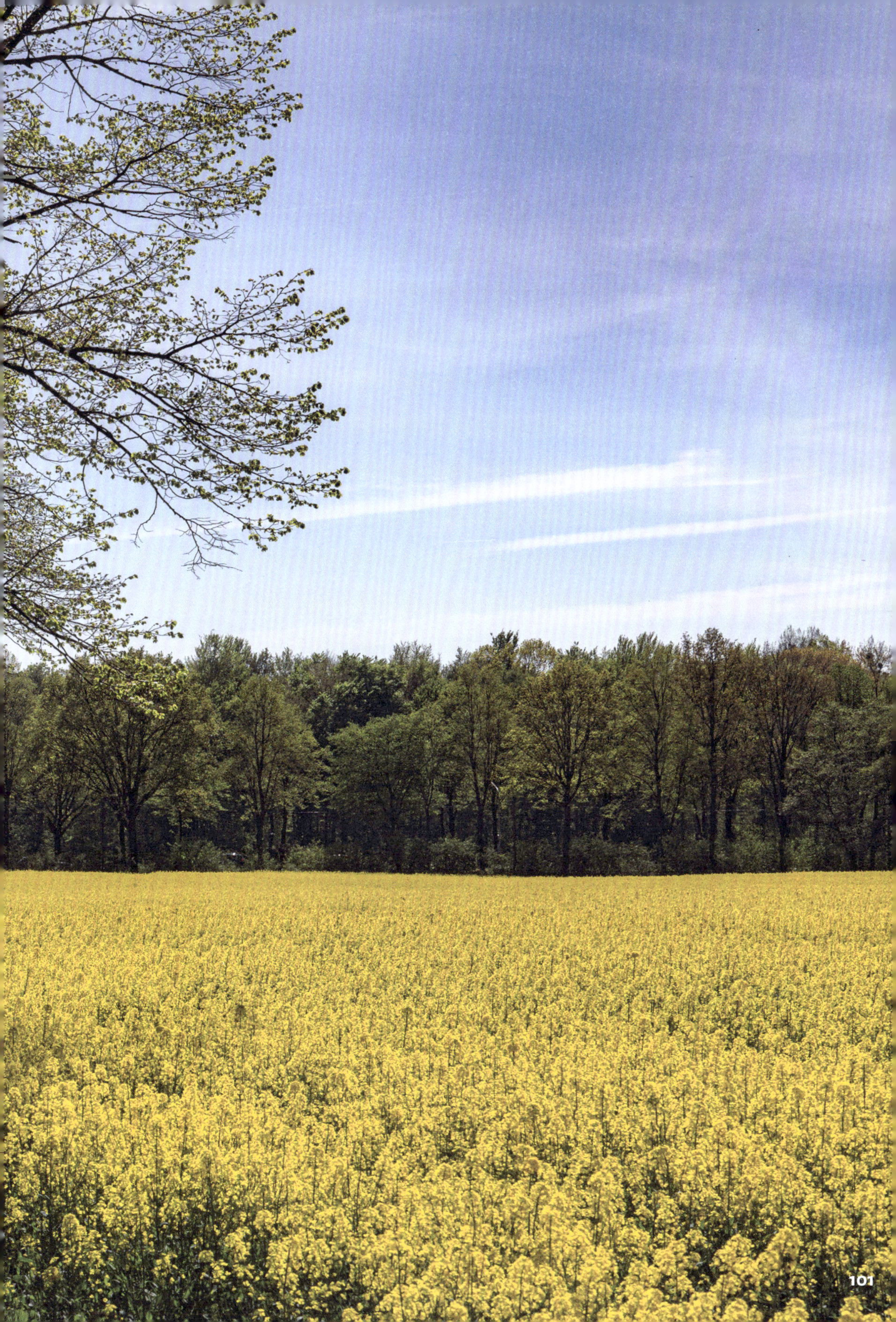

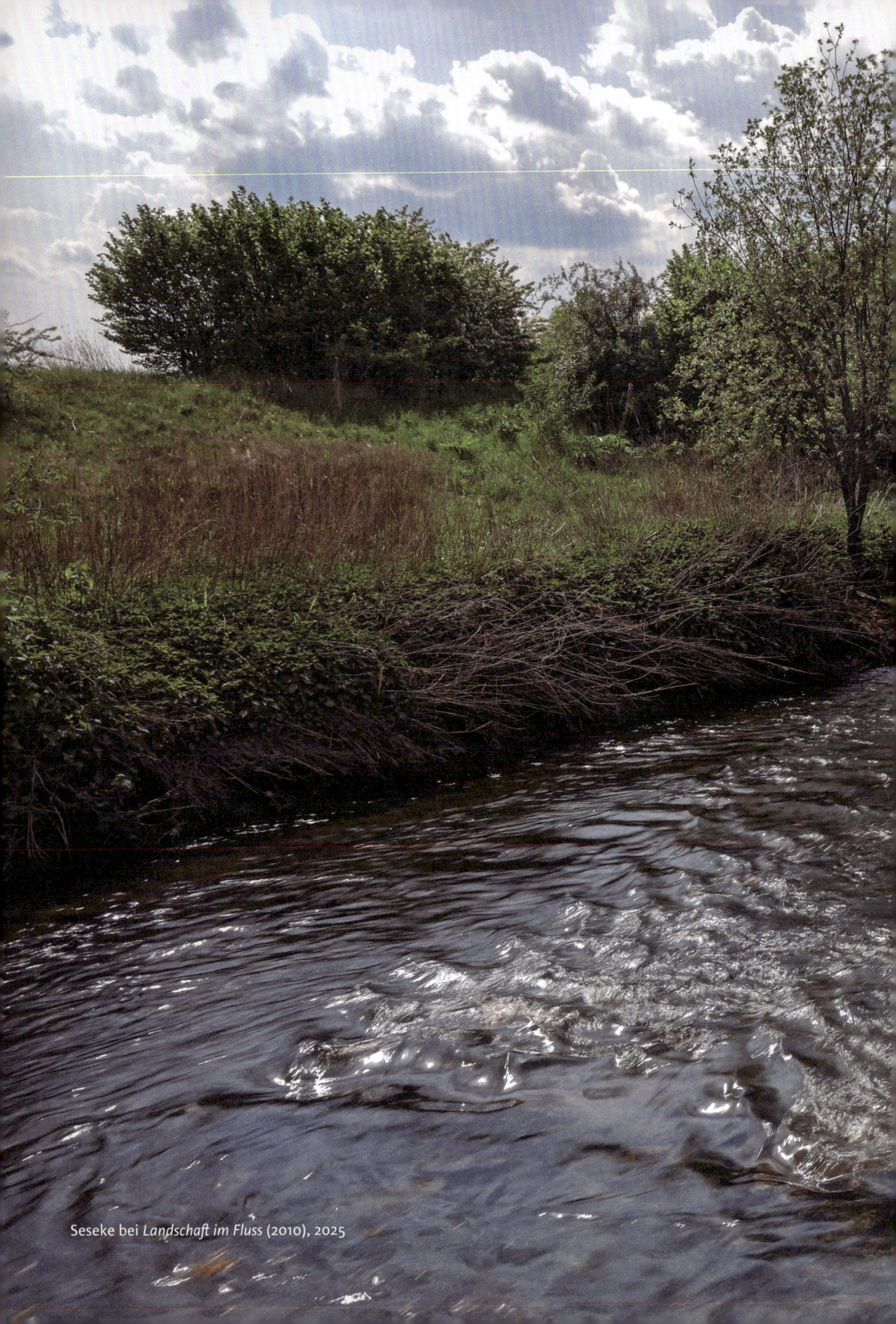

Seseke bei *Landschaft im Fluss* (2010), 2025

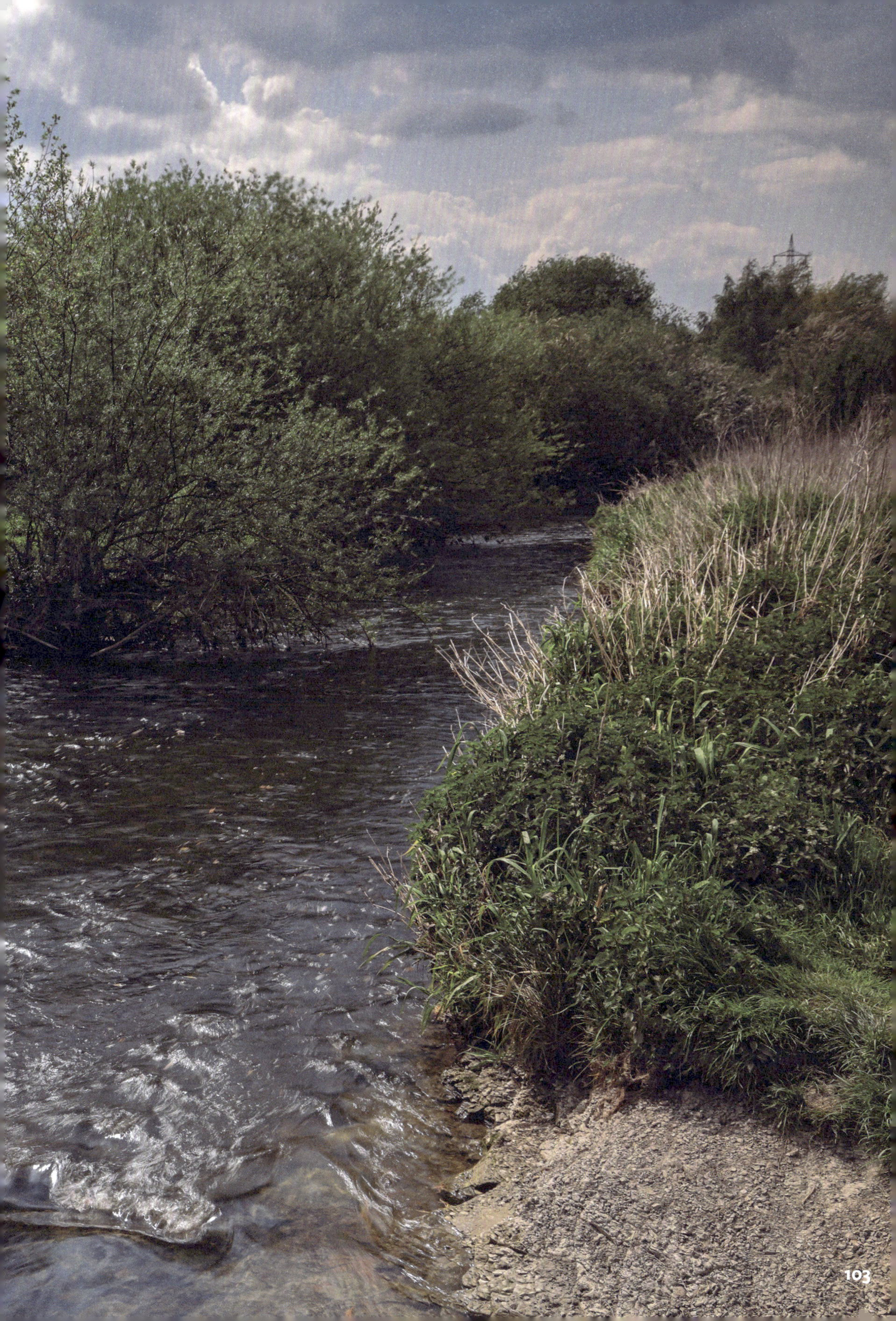

Drei Fragen an …

... **Thomas Stricker** *(Landschaft im Fluss)*

Weshalb war es für dich interessant, an *Über Wasser gehen* teilzunehmen?

Über Wasser gehen bot die seltene Möglichkeit, künstlerisch in einen realen landschaftlichen Transformationsprozess einzugreifen. Die Renaturierung der Seseke war für mich Anlass, Fragen nach dem Verhältnis von Natur und Kultur neu zu stellen: Ist „Renaturierung" tatsächlich eine Rückkehr zu etwas Ursprünglichem – oder nicht vielmehr eine weitere kulturelle Setzung? In meinem Projekt *Landschaft im Fluss* verstehe ich die Landschaft als skulpturalen Raum, in dem menschliche Eingriffe und natürliche Prozesse untrennbar miteinander verwoben sind. Mit der Schaffung künstlicher Inseln im erweiterten Flussbett und der Setzung einer bewusst hybriden uralten Pflanzengemeinschaft aus Schachtelhalm und Sumpfzypresse, die vor Millionen von Jahren einheimisch war, wollte ich ein Sinnbild für eine globalisierte, sich stetig wandelnde Natur entwickeln – eine Landschaft, die ebenso inszeniert wie lebendig und ständig im Fluss ist.

***Landschaft im Fluss* bildet das 39. Experiment von insgesamt 108 skulpturalen Fragen, in denen du die zeitgenössische Skulptur auslotest. Was hat es mit den Fragen auf sich?**

108 skulpturale Fragen ist seit 1996 das Grundkonzept meiner künstlerischen Arbeit – ein offenes Forschungsprojekt, das mit größtmöglicher Experimentierfreude die Möglichkeiten zeitgenössischer Skulptur auslotet. Es ist ein Behälter für Utopien und unbekannte Prozesse, in unterschiedlichsten öffentlichen Räumen mit ihren sozialen Herausforderungen. Jedes Projekt – wie *Landschaft im Fluss* – ist eine eigene künstlerische Frage, wo, wie und was heute für mich Skulptur sein kann. Und was wo Sinn macht.

John Brinckerhoff Jackson beschreibt Landschaft als „schöpferische[s] Produkt aller gesellschaftlichen Kräfte"[1]. Deine Arbeit an der Seseke macht diese Vorstellung anschaulich. Welche Rolle spielt die Verschränkung von Natur und Kultur, verdichtet in Landschaften, in deinen Werken?

In meinen Arbeiten begreife ich Landschaft als eine Art kollektives Gedächtnis – als ein Medium, das kulturelle, ökologische und zeitliche Schichten speichert und sichtbar macht. Natur erscheint darin nicht als Gegenpol zur Kultur, sondern als ihr dynamischer Partner. Mit *Landschaft im Fluss* habe ich eine künstliche Inselwelt geschaffen, die diese unauflösbare Verflechtung exemplarisch zeigt: Die sorgfältige Setzung der Inseln und Pflanzen reflektiert gesellschaftliche Prozesse wie Globalisierung, Verlust und Rekonstruktion von „Natur". Meine künstlerische Praxis zielt darauf, die Landschaft nicht zu fixieren, sondern ihre Wandelbarkeit als produktive Kraft erfahrbar zu machen – und damit die Idee einer „natürlichen" Landschaft kritisch zu hinterfragen.

1   JACKSON 2005, S. 29.

... **Christian Hasucha** *(JETZT und der Fluss)*

Weshalb war es für dich interessant, an *Über Wasser gehen* teilzunehmen?

Als ich angefragt wurde und mir die Möglichkeiten vor Ort angesehen hatte, wusste ich, dass ich etwas mit sogenannten Gabionen machen wollte. Vielfach überwachsen, stabilisieren diese mit Natursteinen gefüllten Drahtkörbe auch heute noch den geschwungenen Verlauf der Seseke. Mich reizte diese Materialmixtur, um sie in neuartiger Schichtung und Verknüpfung zu verwenden. In dieser Zeit beschäftigte ich mich außerdem mit der Frage des fortwährenden Ist-Zustands unseres wachen Bewusstseins, sodass es zur *JETZT*-Skulptur im Zusammenhang mit dem Fluss, den Steinen, den Radelnden, den Wandersleuten und deren jeweiligen Gegenwärtigkeiten kam.

In deinen Arbeiten geht es darum, Orte im öffentlichen Raum durch Interventionen in ein neues Licht zu rücken und das Gewohnte zu hinterfragen. Nach welchen Kriterien suchst du die Räume aus, in denen du arbeitest?

Interventionen sind an kommerziellen Galerieräumen kaum zu realisieren. In institutionellen oder privaten Kontexten sind sie ebenfalls nur begrenzt möglich. Im öffentlichen Raum aber habe ich die Möglichkeit, auch den Prozess der Veränderung mit all den einhergehenden Irritationen wahrnehmbar zu gestalten, in Form einer Baustelle beispielsweise. Die Situationen, die sich für mich dafür eignen, sollten denkbar banal sein: Bürgersteige und Radwege, Regenpfützen, Straßenmöbel oder Hausfassaden. Die Intervention trifft Passanten unvorbereitet, kann deren Neugier wecken oder sie vor Rätsel stellen: Stehe ich nun vor dem Ergebnis zufälliger Verkettungen oder vor etwas Geplantem, städtischerseits Verordnetem oder künstlerisch Erdachtem? Fremdes reibt sich hier am Geschiebe des Gewohnten.

Welche Bedeutung haben die Vorstellungen von Raum und Zeit für deine Arbeit?

Die Wissenschaft nimmt an, dass der Raum sich allseitig unendlich ausdehnt, und Zeitpunkte – anders als Zeitspannen – eindimensional sind: ewige Gegenwart. Meine Arbeiten beziehen sich jedoch nicht vorwiegend auf kosmologische oder relativitätstheoretische Vorstellungen. Unsere individuellen, subjektiven Erfahrungen im alltäglichen Umgang mit dem Vertrauten sind die Grundlage vieler meiner Interventionen. Situationen, die ich bearbeite, verändern sich in räumlich und zeitlich wahrnehmbarer Weise. Meine Interventionen haben zum Ziel, Gewissheiten möglichst beiläufig, aber nachdenklich machend aufzulösen. In Zeiten weltweiter medialer, gesellschaftlicher und klimatischer Irritationen ist das für mich in meinen alltäglichen Eingriffssituationen eine besondere Herausforderung.

... **Danuta Karsten** *(Stufen zur Körne)*

Weshalb war es für dich interessant, an *Über Wasser gehen* teilzunehmen?

Die Teilnahme an *Über Wasser gehen* war für mich von Anfang an faszinierend, weil ich die Möglichkeit sah, in der Natur etwas für den Menschen zu schaffen, das alle Akteurinnen und Akteure verbindet. Meine Arbeit beginnt immer mit der Suche nach Geschichten über den Ort, seine Vergangenheit und die Menschen, die ihn geprägt haben. Es war mein Ziel, einen Ort zu gestalten, an dem sich Menschen der Natur annähern können, ohne Angst vor glitschigen Platten oder steilen Wänden zu haben.

Stufen zur Körne macht einen Raum zugänglich, der früher gemieden wurde und nicht erlebbar war. Gleichzeitig ermöglicht das Werk, unkompliziert mit Kunst in Berührung zu kommen. Welches Kunst-Natur-Erlebnis bietet die Installation?

Die Installation bietet ein Kunst-Natur-Erlebnis, das von einer Balance zwischen Mensch und Natur geprägt ist. Nach der Renaturierung des Körnebachs hat die Natur den Ort zurückerobert: Weiden verdeckten die Weite und den Blick auf das Wasser. Diese kraftvolle Rückkehr der Natur schloss den Menschen jedoch aus. Es wurde deutlich, dass ein Gleichgewicht notwendig war – ein Raum, in dem sich Mensch und Natur wieder begegnen können. Mein Kunstwerk wurde Teil dieses Gleichgewichts – mit Respekt für die Natur und dem Ziel, den Menschen Freude zu bereiten, ohne die Umgebung zu gefährden. Heute lädt die Lichtung, die den Blick aufs Wasser freigibt, dazu ein, innezuhalten und die Natur bewusst wahrzunehmen. Die Arbeit schafft einen Ort für Austausch, Stille und Neubeginn. Sie ermutigt die Menschen, sich von der Landschaft berühren zu lassen und ihre feinen, leisen Botschaften wahrzunehmen.

Stufen zur Körne verfolgt einen partizipativen Ansatz. Kann Kunst, die Teilhabe fördert, unser Bewusstsein für unsere Umgebung und unseren Umgang mit der Natur schärfen und so dazu beitragen, eine zukunftsfähige Gesellschaft zu gestalten?

Kunst, die Teilhabe fördert, besitzt die Kraft, Menschen für einen bewussten Umgang mit ihrer Umgebung und der Natur zu sensibilisieren. *Stufen zur Körne* erschließt einen Raum, der zuvor unzugänglich und für viele nicht erfahrbar war. Das Werk verbindet Kunst und Natur auf eine Weise, die es den Menschen ermöglicht, beides unmittelbar zu erleben. Besonders bereichernd war die Zusammenarbeit mit den Schülerinnen und Schülern der benachbarten Schule, die den Ort durch ihre Patenschaften und ihr Engagement aktiv mitgestaltet haben. Ihr Einsatz ging weit über den Schutz vor Vandalismus hinaus – er wurde zu einem Ausdruck von Verbundenheit und Verantwortung. Durch ihre Geschichten und die Pflege des Ortes wurde das Kunstwerk in die Gemeinschaft integriert. Eine ursprünglich temporäre Installation wuchs zu einem festen Bestandteil des Lebens vor Ort. Kunst kann auf diese Weise nicht nur ein Bewusstsein für bestimmte Themen schaffen, sondern auch einen bleibenden Beitrag leisten, indem sie Menschen dazu inspiriert, eine nachhaltige Beziehung zu ihrer Umwelt zu entwickeln.

... Anja Vormann und Gunnar Friel *(Floating Stones)*

Weshalb war es für euch interessant, an *Über Wasser gehen* teilzunehmen?

Als wir damals angefragt wurden, war die Seseke-Landschaft noch im Umbau. Der Begriff „Renaturierung" führte uns zu der Frage nach dem Begriff der Natur und zu dem Bild, das dieser in uns auslöst. Im lehmigen Baufeld konnte man erkennen, wie mit Baggern mäandernde Flächen für ein späteres Bachbett ausgehoben wurden. Wir fragten uns, ob der Nachbau eines solchen Flusslaufes errechnet, nachgeahmt oder aufgrund von Erinnerungen und Intuition heraus gestaltet wurde. In der Umsetzung interessierte uns besonders diese vage Vorstellung von Natur, die wir anscheinend gemeinsam in uns tragen – der Sozialisation geschuldet, aus Bildern der Wissenschaft oder aus Filmen erinnert, möglicherweise über Instrumente ihrer Bewirtschaftung und Bearbeitung entstanden. Bei der ersten Arbeit von 2013 ging es um die Repräsentation von Natur. Wir arbeiteten mit Drohnen, Unterwasserkameras und Tomografien und kombinierten diese Aufnahmen mit filmischen Zitaten und Science-Fiction-Bildern. Daraus entstanden dann Videos zur Seseke-Landschaft, die gewohnte Vorstellungen von Natur auflösen und neue provozieren.

Warum habt ihr euch bei der Neukonzeption eurer Arbeit für eine sprachliche Auseinandersetzung mit der Seseke-Landschaft entschieden?

Es geht in beiden Versionen der Arbeit um einen Dialog mit der Natur. Zum Betrachten der Videos auf dem Smartphone bleibt man meistens stehen und verliert kurz den Kontakt mit der Landschaft. Erst beim Aufschauen kann man die Bilder mit der Umgebung vergleichen. Uns fehlte ein freier Moment – die kontinuierliche, kleine Perspektivverschiebung, die wir kennen, wenn wir einen Gedanken mit auf einen Spaziergang nehmen. Gedanken, die die Landschaft, unseren Blick und unsere Imagination immer wieder miteinander verbinden und konfigurieren.

In den letzten Jahren haben wir uns in mehreren Arbeiten mit Sprache und dem Verhältnis von Sprache und Raum beschäftigt. So entstand die Idee, eine sprachliche Landschaft parallel zur renaturierten Flusslandschaft zu entwickeln. Wie bei einer Collage arbeiten wir mit verschiedenen perspektivischen Zugängen und ausgewählten Themen, die wir zu einem größeren Bild zusammensetzen. Gemeinsam mit Menschen aus der Region haben wir persönliche, fiktionale und wissenschaftliche Fragmente zusammengetragen: Landschaftsbeschreibungen, Vorstellungen von der Natur als Gestalt, Listen von Arten, die aufgrund der Umgestaltung der Seseke zurückgekehrt sind, Blicke auf die Landschaft aus Sicht der Biologie und des Wasserbaus, Erzählungen eines Metallsuchers, weit zurückliegende Erinnerungen aus den 1930er- und 1940er-Jahren, Märchen aus der Region.

Eure Steine sind an einigen Stellen so gesetzt, dass der Eindruck des Schwebens entsteht. Sie verselbstständigen sich, wirken lebendig. Welche Bedeutung hat dieser Effekt? Welches Naturverständnis verbirgt sich dahinter?

Findlinge sind im öffentlichen Raum sowohl in der Stadt als auch in der Natur etablierte Platzhalter und Mittel zur Begrenzung. Uns interessiert das Material Stein als extrem verdichtetes physisches Material im Verhältnis zu unsichtbarer Strahlung wie Audiowellen, Mobilfunknetz, Magnetfeldern und Funkfrequenzen. Schwebend in die Landschaft gesetzt, erinnern sie auch an digitale Umgebungen – Videospiele, in denen die Schwerkraft aufgehoben wird und viel mehr möglich ist als in der realen Welt.

Autor*innen

Prof. Dr. Uli Paetzel
ist 1971 in Gelsenkirchen geboren und in Herten aufgewachsen. Seit 2016 ist er Vorstandsvorsitzender von Emschergenossenschaft und Lippeverband. Er studierte Sozialwissenschaften und Französisch an der Ruhr-Universität Bochum und an der Université François Rabelais im französischen Tours. 2001 promovierte er an der Fakultät für Sozialwissenschaft der Ruhr-Universität Bochum, wo er seit 2000 als Dozent für Soziologie ehrenamtlich tätig ist. Drei Jahre war er Abteilungsleiter für Öffentlichkeitsarbeit und Marketing einer Softwarefirma, ehe er von 2004 bis 2016 hauptamtlicher Bürgermeister der Stadt Herten war. Im Dezember 2018 verlieh ihm die Ruhr-Universität Bochum den Titel „Honorarprofessor". Seit 2019 ist Paetzel zudem Präsident der Deutschen Vereinigung für Wasserwirtschaft, Abwasser und Abfall e. V. (DWA).

Prof. Dr. Hartmut Böhme
Hartmut Böhme war bis 1992 Professor für Literaturwissenschaft an der Universität Hamburg und ist seit 2012 Professor em. für Kulturwissenschaft an der Humboldt-Universität zu Berlin. Er leitete eine Reihe von DFG-Projekten, u. a. als Sprecher des Sonderforschungsbereichs „Transformationen der Antike". Er ist Träger des Meyer-Struckmann-Preises 2006 und des Hans-Kilian-Preises 2011. Er publiziert u. a. zur Kulturgeschichte der Natur (zuletzt: *Aussichten der Natur*, 2016; *Natur und Figur. Goethe im Kontext*, 2016) und erforscht die Kunst- und Wissenschaftsgeschichte des Mundraums (u. a. *Das Dentale. Faszination des oralen Systems in Wissenschaft und Kultur*, 2015). Daraus ging die Ausstellung *In alle Munde. Von Pieter Bruegel bis Cindy Sherman* des Kunstmuseums Wolfsburg hervor (2020/21). Von seinen kulturwissenschaftlichen Werken ist hervorzuheben *Fetishism and Culture. A Different Theory of Modernity* (2006/2014/2021). Seine übrigen Schwerpunkte liegen in der Kulturgeschichte seit der Antike und der Literaturgeschichte des 18.–20. Jahrhunderts. Zahlreiche Arbeiten widmen sich der Philosophie, der Ästhetik und Kunst sowie der historischen Anthropologie. Siehe auch: https://www.hartmut boehme.de/

Dr. Agnes Sawer
ist Kunsthistorikerin und seit 2023 als Kuratorische Leiterin bei der Emschergenossenschaft und beim Lippeverband in Essen tätig. Sie konzipiert Kunst- und Literaturprojekte entlang der Emscher und Seseke und betreut die Kunstsammlungen beider Institutionen. Von 2019 bis 2025 leitete sie das vom Ministerium für Kultur und Wissenschaft des Landes Nordrhein-Westfalen geförderte Projekt *Emscherkunstweg*. Sie studierte Kunstgeschichte und Spanische Philologie an der Ruhr-Universität Bochum, an der päpstlichen Universidad de Navarra und an der Université Paris 1 Panthéon-Sorbonne und wurde 2024 an der Leuphana Universität Lüneburg mit einer Dissertation über Mode und Textilien in der Malerei Pierre-Auguste Renoirs, gefördert durch das Leuphana Promotionsstipendium, promoviert. Ihre Forschungsschwerpunkte sind die französische Malerei des 18. und 19. Jahrhunderts, Modeforschung, zeitgenössische Kunst sowie Kunst im Kontext von Natur und Ökologie.

Impressum

Über Wasser gehen, kuratiert von Billie Erlenkamp, war ein interkommunales Projekt, das 2010 im Rahmen des Kulturhauptstadtjahrs an der Seseke stattfand und vom Lippeverband, dem Kreis Unna, den sechs Anrainerstädten Lünen, Bergkamen, Kamen, Bönen, Unna und Dortmund sowie RUHR.2010 ins Leben gerufen wurde. Nach 2010 wurde *Über Wasser gehen* zusammen mit dem Kreis Unna, den sechs Anrainerstädten, dem Regionalverband Ruhr, den Urbanen Künsten Ruhr und dem Lippeverband weiterentwickelt und 2013 nochmals durchgeführt.

Herausgeber*innen:
Prof. Dr. Uli Paetzel,
Dr. Agnes Sawer

Lippeverband, Essen
Kronprinzenstraße 24
45128 Essen
www.eglv.de

Lippeverband
EGLV

Konzeption und Projektleitung: Agnes Sawer
Autor*innen der Katalogtexte: Hartmut Böhme, Uli Paetzel, Agnes Sawer
Lektorat: Ilka Backmeister-Collacott
Projektmanagement im Verlag: Imke Wartenberg
Gestaltung, Satz und Layout: Andreas Koch
Bildbearbeitung: Andreas Koch
Druck und Bindung: Druckhaus Sportflieger GmbH, Berlin
Schriften: New Sans, New Serif, Andreas Koch
Papier: 140 g/m² Amber Graphic

Bildnachweis:
Cover: ©Lippeverband, Rupert Oberhäuser
Frontispiz: ©Lippeverband, Rupert Oberhäuser
©Lippeverband, Klaus Baumers: S. 45, 57, 66/67, 83 (oben); ©Lippeverband, Ute Jäger: S. 40, 43, 59, 74/75, 82, 92/93, 100/101; ©Lippeverband, Kirsten Neumann: S. 98/99; ©Lippeverband, Rupert Oberhäuser: S. 16, 19, 22, 24/25, 29, 30, 32, 37, 39, 41, 47, 49, 51, 53, 62/63, 64/64, 68/69, 70/71, 72/73, 76/77, 78/79, 80/81, 84, 85, 86/87, 88, 89, 90/91, 94, 95, 96/97, 102/103; ©Lippeverband, Rainer Schlautmann: S. 38, 55, 83 (unten)

Verlag und Vertrieb:
Deutscher Kunstverlag
Ein Verlag der Walter de Gruyter GmbH
Genthiner Straße 13
10785 Berlin

Bibliografische Information der Deutschen Nationalbibliothek
Die Deutsche Nationalbibliothek verzeichnet diese Publikation in der Deutschen Nationalbibliografie; detaillierte bibliografische Daten sind im Internet über http://dnb.dnb.de abrufbar.

© 2025 Die Autor*innen sowie Lippeverband, Essen, und Deutscher Kunstverlag. Ein Verlag der Walter de Gruyter GmbH Berlin/Boston
www.deutscherkunstverlag.de
www.degruyterbrill.com
Fragen zur allgemeinen Produktsicherheit:
productsafety@degruyterbrill.com

ISBN 978-3-422-80089-2
Library of Congress Cataloging-in-Publication Data
A CIP catalog record for this book has been applied for at the Library of Congress.

Über Wasser gehen wurde von der Bezirksregierung Münster aus Mitteln des Ökologieprogramms im Emscher-Lippe-Raum des Ministeriums für Klimaschutz, Umwelt, Landwirtschaft, Natur- und Verbraucherschutz des Landes NRW gefördert.

Ministerium für Klimaschutz, Umwelt, Landwirtschaft, Natur- und Verbraucherschutz des Landes Nordrhein-Westfalen

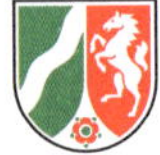

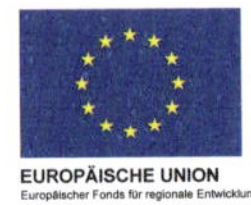